1922
방정환, 어린이날을 시작하다

천천히읽는책_77

1922 방정환, 어린이날을 시작하다

글 장정희

펴낸날 2025년 4월 16일 초판1쇄
펴낸이 김남호 | 펴낸곳 현북스
출판등록일 2010년 11월 11일 | 제313-2010-333호
주소 07207 서울시 영등포구 양평로 157 투웨니퍼스트밸리 801호
전화 02)3141-7277 | 팩스 02)3141-7278
홈페이지 http://www.hyunbooks.co.kr | 인스타그램 hyunbooks
ISBN 979-11-5741-438-3 73910

편집장 전은남 | 책임편집 심은정 | 디자인 디.마인 | 마케팅 송유근 함지숙

글 ⓒ 장정희 2025

이 책은 저작권법에 의하여 보호를 받는 저작물이므로 무단 전재 및 복제를 금지하며,
이 책 내용의 전부 또는 일부를 이용하려면 반드시 저작권자와 현북스의 허락을 받아야 합니다.

⚠주의 종이에 베이거나 긁히지 않도록 조심하세요. 책 모서리가 날카로우니 던지거나 떨어뜨리지 마세요.

1922
방정환, 어린이날을 시작하다

글 장정희

현북스

| 머리말 |

방정환과 어린이날의 숨은 이야기를 찾아서

1922년 5월 1일!
바로 대한민국 어린이날을 처음 시작한 날입니다.
우리 모두 잘 알고 있듯이 어린이날은 방정환 선생이 처음 앞서서 주장했고, 뜻을 같이하는 여러 사람과 어린이들이 함께 의논해서 만들었습니다.
그리고 어언 100년의 역사를 이어온 우리 어린이날.

'어린이날은 어떻게 시작되었을까?'
'어린이날의 참된 의의는 무엇일까?'

5월 초하루! 어린이날을 준비하느라 밤낮으로 일하다 그만 코피를 쏟기도 했던 방정환. 선생은 선전지 '100만 장'을 인쇄해 놓았다가도 어린이날을 못 지키게 되자 다른 날로 미루지 않고 '중지' 선언을 하기도 했습니다.

그만큼 방정환 선생은 어린이날 5월 1일이 갖는 의미를 중요하게 보았답니다!

그러면 왜 지금의 어린이날은 '5월 5일'이냐고요?

현재 대한민국 어린이날은 아동복지법 제6조에 따라 5월 5일로 정해져 있습니다. 맨 처음 시작할 때는 5월 1일이었는데, 언제 무슨 이유로 5월 5일로 바뀌었을까요?

그러고 보니 일본 어린이날도 같은 날짜인 5월 5일이네요. 아무래도 이상합니다. 여러분도 궁금하지요?

'그래! 우리 어린이날의 참된 의미를 잘 밝혀서 전해 보자.'

이 한 가지 생각으로 책을 쓰기 시작했습니다. 어린이의 참된 동무 '방정환'과 어린이날을 시작한 뜻을 만날 수 있기를 바랍니다.

장정희

| 차례 |

머리말 | 방정환과 어린이날의 숨은 이야기를 찾아서

이 몸은 당신의 동무입니다
- 1920년 8월 15일, 어린이를 생각하다 • 10

눈물 없이 읽을 수 없는 어린이날 이야기
- 1922년 5월 1일, 첫 어린이날 탄생 • 20
- 일제의 탄압 속에서도 꽃피운 어린이날 외침 • 33
- 어린이날 1주년, 전국에서 어린이날 기념 • 46
- 1923년 어린이 해방 선언문 공표 • 53

제3부

어린이날이 완전히 어린이의 명절이 될 때까지

- 어린이 운동의 두 바퀴, 조선소년운동협회와 색동회 • 70
- 어린이날 준비로 코피를 쏟은 방정환 • 84
- 어린이날을 참된 어린이의 명절로 • 95
- 어린이날 기행렬은 어린이 인권을 외치던 행진 • 109

제4부

어린이날 100주년, 다시 5월 초하루를 살려 내며

- 금년 어린이날은 아주 중지되었습니다 • 122
- 어린이날 맞불 작전, 일제의 아동애호데이 • 133
- 해방 후 어린이날, 5월 1일로 왜 못 살렸을까? • 147
- 어린이날 100주년, 5월 1일 어린이날을 되찾다 • 160

부록 | 대한민국 어린이날 100년사 연표

제1부

이 몸은 당신의 동무입니다

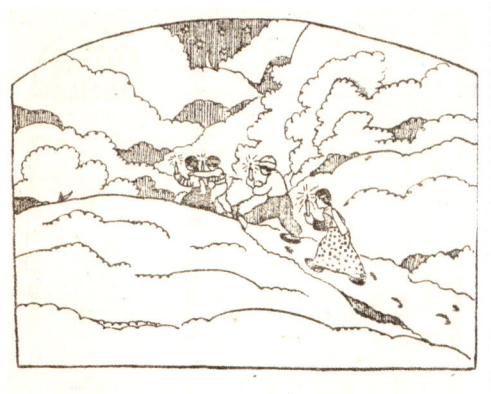

《어린이》 4권 2호, 1926년 2월

1920년 8월 15일, 어린이를 생각하다

'아! 이 헐벗고 불쌍한 우리 조선의 아이들을 위해 어떤 일을 해야 할까?'

글을 쓰던 방정환은 펜을 놓고 골똘히 생각에 잠겼습니다.

책상 위에 놓인 원고 뭉치들 속에서 방정환은 유심히 하나의 낱말을 들여다보았습니다.

어린이

또박또박 눌러 쓴 세 글자.

'그래! 이제부터라도 어린이라는 말로 높여서 부르도록

하자.'

가만히 방정환의 입가에 웃음이 머물렀습니다.

그러다 잠시 자기의 어린 시절을 떠올리자 방정환의 낯빛이 저절로 어두워집니다.

삼촌 따라 보성소학교에 갔다가 기다란 댕기머리를 싹둑 자르고 집에 돌아와서는 엄한 할아버지한테서 종아리에 피가 터지도록 회초리를 맞던 일…….

또 무슨 일인지 하루아침에 대궐 같은 집에서 쫓겨나 사직동 꼭대기 초가집으로 이사 간 뒤로 그날부터 물동이에 물 긷는 일을 도맡아 하루에도 수차례 아래에서 꼭대기까지 오르내리던 일…….

지금 불쌍하게 자라는 조선의 어린이들을 보면 자기의 어린 시절보다 조금도 더 나아진 것 같지 않았습니다. 일본에 나라를 빼앗겨 지배를 받는데 또 한층 어른에게 내리눌리며 지내는 어린이들…….

'아! 어떻게 하면 어린이를 이 모진 압박으로부터 구해 낼 수 있을까!'

방정환은 주먹을 쥐고는 부르르 떨었습니다. 원고 뭉치가 쌓인 개벽사 편집실 한쪽 귀퉁이에 있는 책상을 '탕!' 내리치며 벌떡 일어섰습니다.

마침 그때 김기전 형이 안으로 들어왔습니다. 늘 어린이 문제를 함께 걱정하던 형이었던지라 어두웠던 방정환의 얼굴은 금세 반가움으로 환해졌습니다.

그러잖아도 기전 형이 한 달 전 〈개벽〉 잡지에 발표한 장유유서(長幼有序)와 관련된 글을 감명 깊게 읽고 어린이 문제를 좀 더 자세히 의논하고 싶었던 것입니다.

방정환: 아! 형님, 이 시간에 잡지 편집실에 다 들러 주십니까? 안 그래도 퍽 뵙고 싶었습니다.
김기전: 편집실에 지금까지 불이 켜진 걸 보니 틀림없이 방 형이겠지, 하고 내 걸음을 돌려 들렀지요.
방정환: 형님, 지난달 잡지에 발표하신 글은 감명 깊게 잘 읽었습니다.
김기전: 고마워요. 어른이든 아이든 똑같이 사람인 것을.

어른을 잘 대접하자는 장유유서가 오히려 어린이를 밑으로 내리누르는 악행의 구덩이가 되어 버렸지 뭔가요. 그래, 내 통절한 심정으로 잡지에 글을 발표했어요.

방정환: 형님, 그저 우리 조선에서는 '애놈', '애녀석', '내 딸년'이니 하고 어린이를 함부로 부르고 천대합니다.

김기전: 난 얼마 전 함경남도 함흥에 갔을 때 한 농사꾼이 대여섯 살 되는 어린아이를 사정없이 때리는 걸 보았어요. 어려도 다 같은 사람인 것을 조선 사람들은 왜 모른단 말인지.

방정환: 아, 비참합니다. 형님! 유년도 역시 사람입니다.

김기전: 방 형! 나는 언제나 해월 최시형 신사의 가르침을 생각해요. 우선 우리부터 어린이를 존대하고 경어를 씁시다.

방정환: 네, 형님! 그러잖아도 가끔 해월 신사님 글을 꺼내 읽으며 제 마음의 경전으로 삼곤 합니다.

김기전: 그래요? 어디 한 번 읽어 봐 주세요.

소파 방정환(1899~1931)
김기전과 함께 '천도교소년회' 조직, 어린이날 제정, 잡지 〈어린이〉 창간 등 어린이를 위한 많은 업적을 남겼습니다. (사진·사단법인 방정환연구소)

소춘 김기전(1894~1948)
방정환과 함께 '천도교소년회'를 조직한 어린이 운동 지도자이며, 천도교청년당 대표를 지냈습니다. (사진·김정의, 《한국소년운동사》)

방정환은 건너편 책장에서 《해월신사법설》(海月神師法說)을 가져와서는 자주 읽느라고 표시해 둔 곳을 펼쳤습니다.

어린 자식을 때리지 말고 울리지 마옵소서. 어린아이도 하늘님을 모셨으니 아이를 치는 것은 곧 하늘님을 치는 것입니다. 하늘님의 기운이 상합니다.

해월 최시형(1827~1898)
우리나라 동학 2대 교주로 '어린이를 때리지 말라'고 부인들에게 깨우쳐 주어 어린이 해방의 선구자로 평가받습니다. (사진·e뮤지엄)

방정환: 해월 신사님은 참으로 어린이 해방의 선구자이셨습니다. 형님! 그분의 가르침을 이어받아 어린이들을 위한 사업을 일으켜 보아요.

김기전: 그럽시다! 믿음직한 방 형이 있으니 늘 든든해요. 우리 같이해 봅시다.

방정환: 형님! 천진하고 거짓 없는 어린이야말로 하늘님 그대로 아닙니까? 어린이도 사람대접을 받는 따스한 새길을 열어야 합니다.

여기까지 이르자 방정환은 자기도 모르게 덥석 김기전의 두 손을 부여잡았습니다. 두 사람은 앞으로 하나씩 펼쳐서 실천해 나갈 여러 가지 어린이 사업을 조용조용 이야기 나누기 시작하였습니다.

일을 마치고 잿골 집으로 돌아가는 동안 방정환의 마음은 불같이 뜨거워졌습니다. 어느덧 두 눈에서는 뜨거운 눈물이 주르르 흘러내렸습니다.

그날 밤 방정환은 어두운 방 한편에 조용히 촛불을 켜 놓고 다짐했습니다.

'그래, 그래. 이 몸은 어린이의 동무가 되자. 학대받고 짓밟혀만 온 불쌍한 조선 어린이들을 위해…….'

방정환은 엊그제 영국 시집에서 읽은 시 한 편이 꼭 자기 마음을 대신 읊어 주는 것 같아서 천천히 우리말로 옮겨 보았습니다.

어린이의 노래: 불 켜는 이

······

거리에서 거리로 끝을 이어서

점-점점 산속으로 들어가면서

적막한 빈촌에도 불 켜 주리라

그리하면 세상이 더욱 밝겠지······

여보시오, 거기 가는 불 켜는 이여

고달픈 그 길을 외로워 마시오

외로이 가시는 불 켜는 이여

이 몸은 당신의 동무랍니다.

— 방정환 번역, 잿골집에서, 1920년 8월 15일

  방정환은 어두웠던 자기 마음이 저 안에서부터 환히 밝아져 오는 듯했습니다.

  '그렇다! 이 세상이 더욱 밝아지도록 불 켜는 이가 되자······.'

제2부

눈물 없이 읽을 수 없는 어린이날 이야기

방정환 동화 〈4월 그믐날 밤〉에 실린 첫 번째 삽화 (《어린이》 2권 5호, 1924년 5월)

1922년 5월 1일, 첫 어린이날 탄생

얼마 전 첫 어린이날 풍경을 생생하게 기록한 굉장한 자료가 발굴되었습니다. 바로 방정환이 1923년 3월 창간한 〈어린이〉 잡지 4호입니다! 2023년 국립한글박물관에서 〈어린이〉 창간 100년을 기념해서 개최한 '어린이나라' 특별 전시에서 그 모습을 나타냈습니다.

지난 100년 동안 숨어 있던 〈어린이〉 잡지 4호는 놀랍게도 '어린이날 기념호'였습니다. '1922년 5월 1일 어린이날'에 대한 내용이 실려 있었습니다.

우리나라에서 처음 어린이날이 시작된 날!

이날의 풍경을 기록한 천도교소년회 한 소년의 글은 단

1923년 3월에 창간된 〈어린이〉 잡지의 첫 지면 모습입니다. (사진·한글박물관)

박에 눈길을 끌었습니다.

…… 천도교당 큰 문에는 벌써 등과 기로 꽃문을 세웠고, 꽃으로 장식한 자동차까지 준비되어 마당에 나란히 기다리고 있었습니다. 아침도 천천히 먹지 못하고 모여서 날뛰는 회원들, 부러운 듯이 문간에서 기웃기웃 들여다보고 서 있는 사람들-벌써 기쁨이 몸에 넘쳐서 어깨가 쑥쑥 올라가는 것 같고 몸이 으쓱으쓱하였습니다.

소년회 사무실에는 크고 작은 울긋불긋한 다섯 종류의 선전지가 몇만 매나 되는지 그득 쌓여 있건만 인쇄소에서는 지금도 자꾸 인쇄하는 중이라고 바쁘게 날라 오고 있습니다.

청년회 사무실에서는 어깨에 멜 띠에 붉은 글씨를 쓰노라고 수선수선, 운동부를 들여다보니까 자동차에 꽃을 오색기 만드느라고 법석, 방 선생님(방정환)과 김 선생님(김기전)은 이 어수선한 모든 일을 지도하시느라고 번개같이 왔다 갔다 하시고 소년들은 풀 사 오랴 종이 사 오랴 거리 위 선전 구역 정하랴 참말로 기운 나게 바쁘고 씩씩들 하였습니다. ……

— '작년 오늘', 〈어린이〉 4호, 1923년 5월

실로 생생한 풍경입니다. 방정환 선생이 몸담고 있던 천도교당의 큰 문은 벌써 어린이날 준비를 위한 '꽃문'으로 장식되어 있습니다. '소년회', '청년회' 사무실이 따로따로 있어서 각자 역할을 맡아서 준비하는 모습이 퍽 인상적입

1921년 5월 1일, 천도교소년회 처음 설립 당시 30여 명 남짓 되는 소년들과 방정환 (뒤에서 두 번째 줄 어른). 《신여성》, 1931년 9월호)

니다. 소년회 사무실에는 '울긋불긋한' 다섯 종류의 선전지가 '몇만 매'나 되는 듯이 가득 쌓여 있습니다. 좀 큰 청년회 형님 회원들은 어깨에 멜 띠에 붉은 글씨를 쓰고 있습니다. 한쪽에서는 자동차에 꽂을 오색기를 만들고 있습니다.

이 어린이들 사이로 분주하게 왔다 갔다 하는 두 사람이 있습니다. 바로 방정환과 김기전 두 어른입니다.

'울긋불긋' 선전지에는 저마다 어떤 내용이 씌어 있었을까요? 또 그 선전지들은 어떤 모습이었을까요?

첫 어린이날 선전지를 인쇄하고 거리를 정해 선전을 시작한 역사의 주인공 어린이들. 이들은 바로 '천도교소년회' 소년 회원들이었습니다.

30명으로 시작했는데 1년여 만에 200여 명이나 모였습니다. 이렇게 모인 힘으로 활짝 열어젖힌 첫 어린이날은 실로 감동을 주는 풍경을 만들어 냈습니다.

다행스럽게도 '1922년 5월 1일' 첫 어린이날 때 어린이들이 거리마다에서 나누어 주었던 알록달록했다는 선전지 내용은 천도교에서 내던 월간 잡지 〈천도교회월보〉 1922년 5월호에 모두 남아 있습니다.

선전지 문구를 읽어 보니 놀랍습니다. 이 문구들은 어른들이 작성해 준 것이라기보다는 대부분 어린이들이 직접 의논하여 그네들의 고운 목소리를 담아낸 주장들로 가득 차 있기 때문입니다.

선전지 내용은 크게 '어른에게', '일반에게', '어린 동무들에게'로 되어 있습니다. 이렇게 각각 당부 내용을 담아 낸 것을 보면 얼마나 그 당시 어린이날 선전을 위해 애썼는 지 알 수 있습니다. 어린이에 대한 이해를 넓히기 위해서는 어린이 자신, 어른, 그리고 사회 전체가 함께 변화해야 한 다는 생각을 갖고 있던 것도 알 수 있습니다.

그러면 어린이들이 곱게 펴낸 첫 어린이날 생각들을 만나 봅시다.

대표적으로 '어른에게' 전한 선전지 내용을 볼까요?

어린이의 날

어린 사람을 헛말로 속이지 말아 주세요.

어린 사람을 늘 가까이하시고 자주 이야기해 주세요.

어린 사람에게 경어를 쓰시되 늘 보드랍게 해 주세요.

어린 사람에게 수면과 운동을 충분히 하게 해 주세요.

이발이나 목욕 같은 것을 때맞춰 하도록 해 주세요.

나쁜 구경을 시키지 마시고 동물원에 자주 보내 주세요.

장가와 시집 보낼 생각 마시고 사람답게만 해 주세요.

어린이의 날

항상 십년 후의 됴션을 생각하십시요

어린사람을 헛말로 속혀 저 말아 쥬섭시오
어린사람을 늘 갓가히 하시고자 조티악어하여쥬섭시오
어린사람에게 敬語를 쓰시되 늘 보드럽게 하여쥬섭시오
어린자람에게 睡眠과 運動을 充分히하게하여쥬섭시오
理髮이나 沐浴갓흔것을 때맛처 하도록 하여쥬섭시요
낫분 景品을 식에 자 마시고 動物園에 자조보내 쥬섭세요
장가와 극장보낼생각마시고 사람답게만하여쥬섭시요

남가치잘살랴면 少年을 잘 키워야 함니다

天道敎少年會

(《천도교회월보》, 1922년 5월호)

어린 사람, 어린 사람, 어린 사람…….

'사람'이라는 표현이 이렇게 반복된 것은, 당시 '한 사람'으로서 제대로 대우를 받지 못했던 어린이들을 '한 사람'으로서 당당하게 인정해 줄 것을 강조한 것이라고 할 수 있습니다.

벌써 100여 년도 더 된 문구이지만, 지금까지도 당시의 생생한 외침이 그대로 전해지는 듯합니다. 어린 사람을 헛말로 속이지 말아 주세요, 어린 사람을 늘 가까이하시고 자주 이야기해 주세요, 어린 사람에게 경어(높임말)를 쓰시되 늘 보드랍게 해 주세요…….

수면(잠자기)과 운동을 충분히 하게 해 달라는 바람도 있습니다. 어쩌면 오늘날에 더욱 필요한 선전 내용이 아닐까 싶습니다.

장가와 시집 보낼 생각 마시고 사람답게만 해 달라는 일곱 번째 문구에는 어떤 생각이 담긴 것일까요? 그 당시 어른들이 너무 일찍 자식을 '장가와 시집' 보내는 것이 '사람답지' 못하다고 말하고 있는 것입니다. 그때는 열두 살이

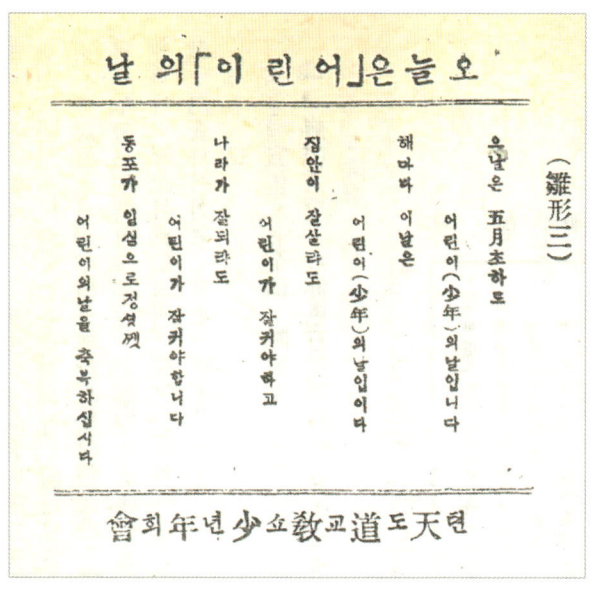

1922년 5월 1일 첫 어린이날 때 '일반에게' 나눠 준 선전지입니다.
(《천도교회월보》, 1922년 5월호)

넘으면 시집과 장가를 보내는 경우도 있었답니다.

'일반에게' 당부한 내용도 살펴볼까요?

오늘은 5월 초하루

어린이(소년)의 날입니다.

해마다 이날은

어린이(소년)의 날입니다.

집안이 잘 살려도

어린이가 잘 커야 하고

나라가 잘되려도

어린이가 잘 커야 합니다.

동포가 일심으로 정성껏

어린이의 날을 축복하십시다.

이렇게 '어린이날'은 어린이들이 '사람답게' 살도록 해 달라는 사회적 외침을 어린이들 스스로 나서서 선전하기 시작한 날이었습니다. 우리나라 5,000년 역사에서 어린이들이 이렇게 어린이를 존중하라는 선전지를 나눠 주며 사회를 향해 외쳤던 일이 일찍이 있었을까요? 없었습니다.

1922년 5월 1일, 첫 어린이날. 이날이 첫 외침의 날이었습니다.

참말로 기운 나게 바쁘고 씩씩들 하였습니다.

한 소년 회원의 이 한마디 속에서 실로 그들의 큰 자긍심을 느낄 수 있습니다.

5월 초하루!

'해마다 이날은 어린이의 날'이라고 하였으니, 앞으로 계속계속 '5월 1일'을 기념하자고 합니다.

어린이들로부터 시작된 우리나라 첫 어린이날.

아니, 어린이들이 직접 선전지를 나눠 주며 알리기 시작한 세계 최초의 어린이날.

그런데 1922년 첫 어린이날이 우리에게 의미심장한 이유는 또 다른 데에도 있습니다.

어린 사람을 존중해 부르기 시작한 '어린이'라는 말이 그전부터 가끔 사용되기는 했지만, 이때부터 시민들이 쓰는 사회 용어로 활짝 피어난 것입니다.

'애놈', '애녀석', '아들놈', '자식놈'…… 이런 식으로 아이들을 천하게 부르다가 '늙은이', '젊은이'와 대등한 인격이라는 뜻으로 '어린이'라는 말을 지어 어린 사람을 높여 부르기 시작한 것입니다.

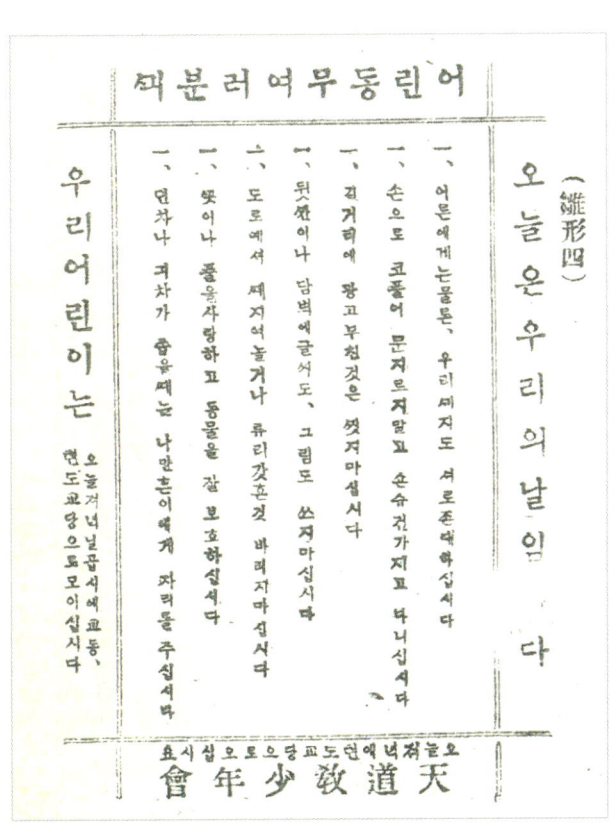

1922년 5월 1일 첫 어린이날 '어린 동무들에게' 나눠 준 선전지입니다.
(《천도교회월보》, 1922년 5월호)

1922년 5월 어린이날은, '첫' 어린이날이라는 의미 그 이상으로 '한 사람'으로 어린 사람을 존중하고 '어린이'라는 말로 당당히 부르도록 한 운동이었다는 점도 기억해야겠습니다.

일제의 탄압 속에서도 꽃피운 어린이날 외침

그런데 큰일 났습니다.

아침부터 분주히 준비했던 첫 어린이날 선전이 채 시작되기도 전에 일본 경찰서에서 명령이 날아온 것입니다.

출판법에 의한 정식 허가를 얻은 후가 아니면 선전지를 배포할 수 없다!

실로 긴장된 순간이었습니다.

방정환, 김기전 두 어른을 중심으로 개벽사 사무실에서는 긴급회의가 열렸습니다. 방정환 선생은 일본 경찰 당국과 계속 통신하고 있었습니다. 사람을 경찰서로 보내어 주선하고, 뚱뚱한 몸으로 전화실을 들락날락했습니다.

이 모든 일이 무산되어 버린다면 어린이의 복된 명절 '어린이날'은 어떻게 될까!

참으로 절망적인 일이었습니다.

소년회 사무실에 잔뜩 쌓인 선전지. 곧 정해진 구역으로 가서 선전을 시작할 기분으로 들떠 있던 수많은 어린이의 눈. 조마조마하기는 어린이들도 마찬가지였습니다.

그날 아침, 오전 10시부터 소년회 회원들이 모여 선전할 준비를 하다가 오후 2시부터는 학교에서 돌아오는 소년회 회원들이 전부 출동하여 '대선전'을 하기로 단단히 계획해 놓은 터였습니다.

정식으로 출판 허가를 얻자 하면 적더라도 20일 내지 30일간의 시일을 요할 것이외다. 이것이 어찌 될 일입니까. 어린이들의 가난한 살림에 190여 원의 거액을 들여 여러 종류의 인쇄를 이미 마쳐 놓은 것은 적은 문제라 할지라도, 세상

「朝鮮에서 처음듯는 어린이의날」

五月一日의 天道敎少年會 創立紀念日을 그대로 引用하야

— 記者

天道敎少年會의 일에 關하야는 본지에 累大의 報道를 行하얏습니다. 그런데 이번에는 全朝鮮의 少年에 關한 일을 親히 行하는 깃븜을 엇게 되얏습니다. 더욱 이 일이 天道敎少年會의 創立된 것임을 생각할 째에 一層의 感激을 가지게 됨니다.

수日의 少年問題는 天下의 問題임이며 諸祭體의 共通하는 바 됨니다. 少年問題를 完全히 解決하지 안는데 依하야 비로소 天地開闢의 氣를 捕할수 잇다 하는 것이 今日 諸人의 共通하는 所見이며 이것은 여태까지 뒤를 돌녀다 보고 사람人間 일이 完全치 못하다 보다 고로 압흘 짤이다 하는 事實上의 제보다 압픔이 크더라도 오늘날 써지는 모든 것이다 認하야 한 것이 아무러 少年에 잇다 다고 口語는 짤것이외다. 그런데 少年은 人間의 압혼 씀이며 未來의 表徵이외다 世上사람이 이제 아무러 少年問題를 勿閑視하고져 한들 몯슬수가 잇게 되얏습니다

春滿乾坤에 福滿家라 고고혼 少年의 社會에서지 宇内의 泰運의 수레를 타고 平을게 되얏습니다 慶南晉州의 少年들이 第一 이 으로 그의 大運에 參與하얏스며 東出의 故鄕을 두루차즐새 그 泰和의 一枝 運이 어 道敎의 少年들이 率先하여 連하야 저 새 生간 曉비를 가리키려나고 烽燧가 連 하야 男女의 少年들이 勿論 一般의 어룬社會에서까지 다 가티 이 問題를 論議하게 되얏스며 이 運動을 注視하게 되 얏습니다

朝鮮에서 처음듯는 어린이의 날

五一

1922년 5월 1일 '조선에서 처음' 시작된 어린이날에 대한 기록이 잘 남아 있습니다. 기쁨과 함께 일제의 탄압으로 어린이날 기념을 못 하게 될 뻔한 상황을 알 수 있습니다. (《천도교회월보》, 1922년 5월호)

의 많은 형제에게 '어린이의 날'임을 알려 놓고 그만 이 지경
을 당하였으니 우리들의 마음이 과연 어떠하였겠습니까.

– '조선에서 처음 듣는 어린이의 날', 〈천도교회월보〉,

1922년 5월

일본의 지배 아래 있던 당시 출판법에는 모든 인쇄물은
정식 허가를 받도록 되어 있었습니다. 특히 일본 경찰의 눈
에 거슬린 것은 선전지에 적힌 다음과 같은 문구였습니다.

항상 10년 후의 조선을 생각하라

이는 〈동아일보〉 1922년 5월 1일 신문에도 커다랗게 인
쇄되어 나갔습니다. 그러니까 일본 경찰은 10년 후에 조선
인들이 무슨 일을 벌일까, 하고 의심의 눈초리를 보내면서
선전지를 나누어 주지 못하도록 금지 명령을 내린 것이었습
니다.

참말 첫 어린이날이 어떻게 될는지 이만저만 큰 걱정이

1910년부터 1937년까지 나온 천도교의 월간지 모습. 방정환의 시와 동화, 편지, 평론 글이 많이 실렸어요.
(사진·e뮤지엄)

아니었습니다. 특히나 이 어린이날 준비를 위해 소년회에서는 '190여 원'이나 되는 돈을 써서 선전지 인쇄를 '1만 2,000장'이나 해 놓았습니다.

'이렇게 큰돈을 들여 준비한 어린이날 선전 행사가 꺾여 버린다면…….'

모두 한마음으로 가슴을 졸이고 있던 터였습니다.

이리저리 경찰서에 사람을 보내고 전화통을 들고 주선한

끝에, 오후 1시가 지날 무렵 겨우 어린이날 선전지 배포가 허락되었습니다.

행사 후에 허가를 받는다는 '사후 수속'이 조건이었습니다.

방정환과 김기전 어른을 둘러싸고 있던 어린이들이 기뻐서 환호를 내지르는 풍경이 그려집니다.

돌아보면, 어린이날 선전지를 일본 경찰에 먼저 보내서 정식 허가를 받지 않은 것도 어쩌면 방정환의 '비밀 전략'이 아니었을까요?

인쇄물 허락을 받으라고 했다고 미리 보냈다가 '원고 불허가' 명령이라도 떨어지면 그때는 아예 '어린이날'을 시작도 못 해 보는 게 아니겠습니까?

어린이를 위한 일 앞에서 방정환은 이렇게 과감했습니다. 둘째가라면 서러울 만큼 배짱도 두둑했습니다.

1922년 5월 1일, 첫 어린이날!

일제가 강제로 금지시켜서 모든 활동이 꺾여 버렸다면 어떻게 되었을까요……

상상조차 되지 않습니다.

드디어!

어린이날 선언을 거리마다 다니며 선전할 수 있게 되었습니다!

"여러분, 오늘은 어린이의 날입니다."

"10년 후의 조선을 생각하십시다."

선전지를 한 아름 안은 방정환의 얼굴에는 웃음꽃이 피었습니다. 힘찬 걸음으로 어린이들과 함께 거리로 나섰습니다.

개벽사와 천도교회월보사의 직원들까지 나와 어린이날을 선전했습니다.

빨갛게 문구를 쓴 어깨띠를 메고 모두 길거리로 나섰습니다.

소년 보육!

어린이의 날!

어린이 제일!

어떻게 그 당시 어깨띠 문구까지 세세히 잘 알고 있느냐고요?

소년회 회원이 쓴 글이 이어서 말해 주고 있답니다.

커다란 빨간 선전지는 각 길거리에 붙이기로 40명 회원이 구역을 맡고, 각 집에 돌릴 소년 보육 선전지는 80명 회원이 각 동네를 맡아 나서고, 어린 사람들에게 나눠 줄 일곱 가지 약속을 쓴 종이와 일반에게 어린이의 날을 선전하는 3색 선전지는 100명에 가까운 회원이 나눠 맡아 나서는데 아무것보다도 기쁜 일은, 이날의 선전은 전부 어린 사람 우리들의 손으로 된 것이며, 그것보다도 더 기쁜 일은 신사들이 직접 길거리에 나선 일입니다.

김 선생(김기전), 방 선생(방정환), 최 선생 외 개벽사와 월보사의 여러 선생님들까지 나서서 어깨에 '소년 보육', '어린이의 날', '어린이 제일' 이런 문구를 빨갛게 쓴 것을 메고 선전지를 한 아름씩 안고 앞장을 서셔서 길거리로 나서신 것입니다.

> 이 일은 참말로 조선서 처음 보는 일이며, 또 크게 의미 있는 일인 줄 압니다.
>
> – '작년 오늘', 〈어린이〉 4호, 1923년 5월

소년회 회원 220여 명이 각각 모둠을 지어 구역을 정해 선전 활동을 하는 모습이 그림처럼 그려지는 듯합니다.

'어른에게', '일반에게', '어린 동무들에게' 같은 선전지를 40명, 80명, 100명 이런 식으로 구역과 분량을 나눠서 함께 선전하고 있습니다. '커다란 빨간 선전지'가 있었다는 것도 재미있습니다. 무엇보다 기쁜 일은 이날의 선전이 '전부 어린 사람 그들의 손으로 된 것'이었다는 점이었습니다.

이렇게 선전지를 1만 매 이상 인쇄하고 어린이 단체가 길거리 선전 활동을 하는 것도 신기한 일이었지만, 그 선전 내용이 어린이를 위하라는 것, 더구나 선전 활동의 주체가 어린이 그들 자신들이었다는 것은 실로 5,000년 역사 이래 처음 보는 굉장한 풍경이었습니다.

글에서도 '이 일은 참말로 조선서 처음 보는 일'이라고

◇선뎐지돌리는어린이

어린이날을 선전하고 있는 소년의 모습. 어깨띠를 메고 손에 든 한 묶음 선전지를 지나가는 어른에게 나눠 줍니다. 방정환 시대 때는 '어린이', '소년'의 나이를 보통 8~17세(만 7~16세) 정도로 보았습니다. 사진의 소년도 그래서 조금 나이가 높아 보인답니다. (《동아일보》, 1925년 5월 2일)

쓰고 있습니다. 첫 어린이날 선전이 얼마나 시대에 앞선 선구적인 활동이었는지 알 수 있습니다.

1922년 5월 1일.

어린이날이 비로소 우리 역사 위에 선포되었습니다!

그 누구의 힘도 아닌 어린이들 스스로 만든 모임 안에서, 어린이 손으로 만들고, 어린이들이 직접 거리로 나서서 알린 힘찬 운동이었습니다!

우리나라 어린이날은 그래서 더욱 자랑스럽고, 세계적으로도 유례가 없이 새롭고 빛나는 어린이 문화유산이 되었습니다.

요즘이야 '어린이날'이 법정 공휴일로 지정되어 대한민국에서 모르는 이가 없지만, 100년 전만 해도 그렇지 못한 형편이었습니다.

오늘이 어린이날이오.

이렇게 '어린이날'을 알리고 선전하는 일은 어린이날의

중요한 활동이었습니다.

1922년 5월 1일 어린이날 소식은 각 신문에 크게 보도되었고, 어린이 운동에 대한 전 민족의 각성이 일어났습니다.

'그동안 조선은 어린이를 등한히 하였다.'
'늘 가까이하여 주지 않았으며, 경어를 써 주지 않았고……'

조선 어린이가 처한 현실에 대한 안타까움으로 가득한 신문의 보도는 어린이 운동의 필요성을 사회 각계에 퍼뜨렸습니다.

이미 1919년 3·1독립만세운동 후 몇몇 지역에서 자연적으로 소년회가 생기고 있었습니다. 가장 먼저는 '왜관소년회'(경상북도), '진주소년회'(경상남도), 그리고 '안변소년회'(함경남도)였습니다. 사회적 의의를 가진 소년 단체로는 1921년 5월 1일 '천도교소년회'가 창립되어 성장해 나갔습니다.

1922년 5월 1일 어린이날 선전이 크게 이루어지면서 점점 더 많은 소년 단체들이 생겨났습니다. 1922년 5월 1일 어린이날 선포가 어린이 운동에서 큰 기폭제 역할을 한 것입니다. 같은 해 10월에는 조철호·정성채 지도자가 이끄는 '조선소년군', '조선소년척후대'도 생겼습니다. 오늘날 우리가 잘 아는 보이스카웃이지요. 이들 단체는 이듬해 1923년 5월 1일 어린이날 때 함께 힘을 모아 서울 시내 선전에 큰 역할을 담당하게 됩니다.

어린이날 1주년, 전국에서 어린이날 기념

만일 1922년 5월 1일 어린이날을 시작하지 못했다면, 그 이듬해 1923년 5월 초하루 어린이날을 과연 맞이할 수 있었을까요?

생각할수록 어린이들 손으로 시작된 첫 어린이날이 얼마나 귀하고 신성한지 모르겠습니다.

그리고 다시 돌아오는 어린이날 기념일을 앞두고 1923년 4월 17일, 어린이날 준비를 위한 '조선소년운동협회'를 결성하게 됩니다.

천도교소년회, 불교소년회, 조선소년군 등 40여 소년 단체는 힘을 합쳐 어린이날을 크게 선전하기로 했습니다.

드디어 1923년 5월 1일!

'조선소년운동협회'가 이끈 제1회 어린이날 행사는 실로 대성황을 이루었습니다. 어린이날이 시작되고 첫 기념 행사였기에, 전 사회적으로 어린이날에 비상한 관심이 쏠렸습니다.

선전지는 무려 20만 장이나 인쇄하였습니다. 그중에 8만 장은 개성, 진주, 김해 등 각 지역 소년회에 보내 어린이날 선전이 전국적으로 이루어지게 했습니다.

안주 천도교소년회에서는 5월 1일, 어린이 노래를 부르며 기행렬(깃발 행렬)로 시내를 돌면서 선전문을 나누어 주었습니다. 창녕소년회에서도 역시 같은 날 소년 200여 명이 모여 '어린이날 만세' 기를 들고 행렬을 지어 읍내로 다니며 선전을 했다는 기록이 있습니다.

평양 천도교소년회, 철산 천도교소년회, 진남포부 천도교소년회(평안남도)……. 1922년 어린이날에 뒤이어 1923년 어린이날에도 역시 전국에 있는 천도교소년회가 주된 역할을 맡아 활동한 것을 알 수 있습니다.

1923년 어린이날 기념호인 〈어린이〉 4호에 보면, 이 해에 계획된 어린이날은 실로 굉장했습니다. 오후 3시 어린이날 기념식이 끝나면 오후 4시부터 어린이 '2,000명'이 시가행진을 할 예정이었습니다.

그러나!

일본 경찰은 끝내 시가행진을 하지 못하도록 금지 명령을 내렸습니다. 그래도 1922년 첫 어린이날 때 이루지 못했던 '어린이날 전국 선전'을 해냈으니 참 장합니다. 소년회 단체 어린이들이 힘을 모아 이룬 성과입니다. 경성에서는 시가행진이 방해를 받았지만 그래도 전국 각 지역에서는 어린이날 행진이 이루어졌으니 대단한 일입니다.

〈어린이〉 잡지 5호에서는 '각 지방의 어린이날 소년회 소식'이라고 해서 여러 단체의 어린이날 활동을 소개합니다.

창녕소년회

어린이 200명 기행렬

5월 1일의 기꺼운 어린이날을 당하여 우리 회에서는 이날 오후 4시에 읍내 교동 천도교당에 모여 소년 200명이 행렬을 짓고 일제히 손에 기를 들고 시중으로 다니면서 선전지를 뿌렸고 밤 8시부터는 교당에서 소년 문제 강연회를 열어서…….

개성소년회

자동차로 대선전

우리 회에서는 어린이날 선전지를 자동차 두 채에 싣고 전 시가를 돌면서 뿌려서 시중이 떠들썩하였고, 밤 8시부터는 개성좌라는 연극장에서 소년 문제 강연회를 열고…….

안주 천도교소년회

여흥으로 가극회까지 개최

반갑고 즐거운 5월 1일 어린이날에 경성을 위시하여 각 소년회에서도 다 잘 선전하시고 즐겁게 노셨습니다. 우리는 이날 오후 3시부터 60명 회원이 모여 '5월 1일은 어린이날'이라고 쓴 깃발을 휘날리며 시내를 돌아다니면서 선전지를 뿌리고 돌아와서 천도교당 위층에서 다과회를 즐겁게 열고 밤 10시가 되도록 창가를 부르고 동화를 하며……

여러 신문사에서도 전국 소년회에서 펼친 어린이날 행사 소식을 실었습니다.

평양 천도교소년회

평양 소년 기념일

평양 천도교소년회에서는 지난 1일을 기념하기 위하여 동일 오후 1시 동 천도교구실에서 소년 300여 명이 모여서 기념식을 거행하고 선전문을 3대로 나누어 전 시가에 배포하였으며, 오후 8시부터 연예회를 개최하였는데 자못 성황이었다더라.

— 〈조선일보〉, 1923년 5월 7일

어린이날을 축하하기 위해 천도교당에 모여든 어린이들. 기념식과 기행렬을 마친 후 저녁 시간에는 어린이를 위한 가극회, 동화구연 등 연예회가 이루어졌습니다. (《동아일보》, 1923년 5월 2일)

진남포부 천도교소년회

진남포부 어린이날 선전

진남포부 천도교소년회의 주최로 지난 5월 1일 어린이날을 선전하기 위하여 동일 오후 3시부터 자동차로 전 시내를 순회하며 아동에 관한 선전문을 배포하고 같은 날 밤에 같은 곳 천도교당 내에 대강연회를 개최하고…….

- 〈동아일보〉, 1923년 5월 12일

어린이날이 되자 이렇게 어린이날 기념식을 풍성하게 차렸습니다. 어린이날 선전부터 강연회, 연예회, 노래, 동화……. 이렇게 조선 어린이들의 살림살이가 풍요로워지기 시작했습니다.

비록 당시 신문에 실린 흑백 사진만 남았지만, 행사가 마련된 천도교당에 모여든 수많은 어린이의 모습은 참으로 장관을 이루고 있습니다.

어린이날은 불과 1년 만에 우리 사회에 널리 알려질 만큼 눈부시게 성장하였습니다.

1923년 어린이 해방 선언문 공표

1923년 5월 1일. 다시 돌아온 어린이날!

1923년 어린이날은 1922년 첫 어린이날과 어떤 점이 다를까요? 바로 1923년은 어린이날 1주년을 기념해 어린이 해방 선언문이 전 사회에 공표되었다는 점입니다.

이 선언을 발표한 곳은 조선소년운동협회였습니다.

다시 돌아온 어린이날을 준비하기 위해 약 40여 소년 단체들이 모였습니다. 어린이날 준비와 어린이 운동을 위한 연합 기구로 '조선소년운동협회'가 결성되자 어린이날의 기세는 더욱 뜨거워졌습니다.

'어린이 운동의 새 깃발(신기치)'이라며 신문사마다 이를 대대적으로 보도하였습니다.

압박에 짓눌리어 말 한마디, 소리 한 번 자유로 하여 보지 못하던 어린이도 이제는 그 무서운 철사를 벗어날 때가 되었다. 종래 우리 사회에는 모든 일에 어른을 위주로 하는 동시에 가정에서도 자녀 되는 사람은 절대의 구속을 받아 왔고, 좀 더 심하게 말하면 '어른은 아이를 압박하지 않으면 어른의 도리가 아니라'는 듯이 지나 왔지만은 이제는 문화가 날로 발달됨에 따라서 사회의 장래 주인 되고 가정의 다음 어른이 될 어린이를 위하여 어른의 모든 것을 희생까지라도 하지 않으면 안 되게 되었다.

– '소년운동의 신기치', 〈동아일보〉, 1923년 4월 20일

'압박에 짓눌리어 말 한마디, 소리 한 번 자유로 하여 보지 못하던 어린이도 이제는 그 무서운 철사를 벗어날 때가 되었다.'

그 당시 어린이들이 얼마나 압박과 구속에 얽매어 있었

는지 절절하게 말해 주는 문장입니다.

모두 어린이 해방 문제를 절실히 호소했습니다.

〈조선일보〉에서는 '소년 해방을 절규'라고 커다란 글씨를 신문에 내걸었습니다.

이미 보도한 바와 같이 제작일(5월 1일)은 조선의 어린이를 해방하여 어린이도 사람인 이상에는 사람 대우를 하자는 소년운동의 첫날이라.

- '소년 해방을 절규', 〈조선일보〉, 1923년 5월 3일

이렇게 여러 신문사까지 어린이날의 의의를 크게 보도하고 나섰습니다.

이날 인쇄된 어린이날 선전지는 20만 장이었습니다.

각 소년 단체들은 이 많은 선전지를 서로 나눠 안고 서울 시내 동서남북으로 나뉘어 집집마다 어린이날을 선전하였습니다. 실로 1923년 5월 1일 어린이날은 곧 어린이 해방 운동을 사회에 널리 알리기 시작한 날이었습니다.

'소년 해방을 절규, 어린이날 기념을 집집마다에 선전' 신문 기사의 큰 제목입니다.
(《조선일보》, 1923년 5월 3일)

〈동아일보〉의 기사 내용도 들여다볼까요?

'어린이의 날'– 5월 1일이 왔다. 조선에서 처음으로 어린이에게도 사람의 권리를 주는 동시에 사람의 대우를 하자고 떠드는 날이 돌아왔다. 몇몇 대 조상 적부터 아이나 어른이나 사람의 허물을 쓰고 사람으로 살지 못한 것은 우리의 골수에 박힌 원한이다. ······

– '오늘 어린이날', 〈동아일보〉, 1923년 5월 1일

'조선에서 처음으로 어린이에게도 사람의 권리를 주는 동시에 사람의 대우를 하자고 떠드는 날이 돌아왔다.'
사람의 권리. 사람의 대우. 어린이에게도.
사람답게 사는 일······.
지극히 평범한 진리임에도 어린이의 대우는 그렇지 못했던 것이 방정환이 살았던 시대의 현실이었습니다.
100여 년이 지난 오늘날 생각해 보면, 100년 전에 정말 그러했을까 싶을 만큼 당연한 주장들입니다. 그러나 그 당

시에는 온몸으로 부르짖어야 했던 외침이었습니다.

　1922년부터 1923년까지, 우리나라의 찬연했던 어린이날 역사는 이렇게 뻗어 가고 있었습니다.

　어린이날의 시작을 두고 1922년이냐, 1923년이냐 따지는 것은 크게 의미가 없을 듯이 보입니다. 우리 어린이날이 '1922년 5월 1일'부터 시작되었음은, 무엇보다 그 일이 우리 어린이의 손에서 일어났음은, 앞서 여러 기록이 이미 증언해 주고 있기 때문입니다.

　그러니까 1922년 어린이날을 알면 1923년 어린이날이 보이고, 1923년 어린이날을 바로 이해하자면 1922년 어린이날부터 거슬러 올라가 보게 됩니다.

　어린이날 1주년 기념일인 1923년 5월 1일!

　이날 우리나라의 소년 단체들은 '조선소년운동협회'라는 이름 아래 세계가 놀랄 '어린이 해방 선언문'을 발표합니다.

　이 선언문은 어린이날 기념식장에 낭랑하게 울려 퍼졌습니다. 각 신문사는 일제히 선언문 전체를 실어 알렸습니다.

이는 선전지를 나눠 주는 것 이상으로 우리 사회에 널리 '어린이 해방' 정신을 알리는 데 큰 효과가 있었습니다.

이 선언문에는 과연 어떤 내용이 담겨 있었을까요?

어린이 해방 선언문

- 소년운동의 선언 세 가지 조건 -

본 조선소년운동협회는 이 어린이날의 첫 기념되는 5월 1일인 오늘에 있어 고요히 생각하고 굳이 결심한 나머지 심히 아래와 같은 세 조건의 표방(標榜)을 소리쳐 전하며 이에 대한 천하 형제의 심심(深甚)한 주의와 공명 또는 협동 실행이 있기를 바라는 바이라.

1. 어린이를 재래의 윤리적 압박으로부터 해방하야 그들에게 대한 완전한 인격적 예우를 허하게 하라.
1. 어린이를 재래의 경제적 압박으로부터 해방하야 만 14세 이하의 그들에 대한 무상 또는 유상의 노동을 폐하게 하라.
1. 어린이 그들이 고요히 배우고 즐거이 놀기에 족할 각양의 가정 또는 사회적 시설을 행하게 하라.

少年運動의 宣言

세 가지 조건

텬도교당안에서 거행할 그긔념식 장에서 랑독할 소년운동의 선언 (宣言) 즉 소년운동의 그 긔초조항 (少年運動의 基礎條項)의 원문은 다음과 갓다더라

少年運動의 基礎 條項

本少年運動協會는 이 어린이 날노 첫紀念되는 五月一日이오 늘에 잇서서 고요하게 생각하고 구지 決心한 나마에 敢히 아래와 가튼 세 條件의 標榜을 소래처 傳하며 이에 對한 天下兄弟의 深甚한 注

意와 共鳴과 또는 協同實行이 잇기를 바라는 바이라

一, 어린이를 在來의 倫理的 壓迫 으로부터 解放하야 그들에게 對한 完全한 人格的 禮遇를 許하게 하라

一, 어린이를 在來의 經濟的 壓迫 으로부터 解放하야 滿十四歲 以下의 그들에게 對한 無償 또는 有償의 勞働을 廢하게 하라

二, 어린이 그들이 고요히 배우고 즐거히 놀기에 足할 各樣의 家庭 또는 社會的 施設을 行하게 하라

癸亥 五月一日
少年運動協會

조선소년운동협회가 선언한 어린이 해방 선언문입니다. (《동아일보》, 1923년 5월 1일)

이는 1924년 '국제 어린이권리 선언'(제네바 선언)이 발표된 것보다 한 해 먼저 나온 선언문이었습니다. 우리나라 어린이 운동 정신이 얼마나 세계적으로 앞서 있었는지 알 수 있습니다.

1924년에 발표된 '국제 어린이권리 선언'은 약자인 어린이를 보호하고 구제해야 한다는 입장에서 어린이의 '권리'를 선언했지만, 우리는 어린이를 완전한 인격체로서 존중할 것을 같은 인간 평등의 관점에서 이야기한 어린이 '해방' 선언이었습니다.

윤리적 압박으로부터 해방
경제적 압박으로부터 해방

그때는 왜 이러한 어린이 해방이 큰 사회적 운동이 되어야만 했을까요?

첫째, 윤리적 압박.

그 당시만 하더라도 '장유유서', 어른과 아이 사이에는 질서가 있다고 하는 윤리가 그만 악습(나쁜 습관)이 되어 어린 사람을 그저 '어린 것'이라며 낮춰 부르고 부모 역시도 자식을 소유물로 여기거나 '애놈', '애녀석' 등으로 천대하기 일쑤였습니다.

둘째, 경제적 압박.

집안에서 어린이들은 노동을 도맡아 해야 했고, 가난한 집의 소년들은 경제적 책임까지 떠맡아서 공장 노동자가 되는 경우도 많았습니다. 소년 노동자이다 보니까 임금을 턱없이 적게 받으며 새벽부터 밤까지 노동에 시달리며 신음하던 시절이었습니다.

그래서 이래서는 안 되겠다 하고, 많은 소년과 뜻있는 어린이 운동가들이 함께 외치기 시작한 것입니다.

실로 전 세계가 주목하고 함께 실천해 나갈 '어린이 해방 선언문'이었습니다.

이 선언문이 발표되고 10여 년이 지나서도 소년 노동자의 노동 문제는 여전했습니다. 그때 어린이의 목소리를 들어 볼까요?

…… 나무 판장과 철판을 송곳으로 뚫고 줄로 쓸고 다시 솔로 깨끗이 닦아 내는 것입니다. 형님도 동정해 주실 줄 믿사오나, 겨우 열다섯 살 먹은 조그만 제 몸에 새벽부터 저녁까지 이 지옥 같은 곳에 이런 일을 하는 것은 그렇게 쉬운 일은 아닙니다. ……

새벽 6시부터 밤 9시까지! 이것은 다만 오늘만이 아니고 날마다 계속되는 일입니다.

이래서야 어떻게 사나ㅡ? 나는 자신도 모르게 한숨을 쉬게 됩니다.

― 백세철, '소년 견습공의 수기', 〈어린이〉, 1932년 1월

겨우 열다섯 살 된 어린이가 '새벽 6시부터 밤 9시'까지 견습공으로 들어가 고된 노동에 시달리고 있는 모습이 글에 잘 나타나 있습니다.

'이래서야 어떻게 사나?' 하고 한숨 쉬는 어린 소년을 생각하니 지금 이 순간에도 가슴이 먹먹해집니다.

이 글을 쓴 소년은 열다섯 살 노동자이지만, 1923년 5월

1일 어린이 해방 선언문이 발표된 그때만 해도 '칠팔 세 어린이'까지 공장 노동자가 된 일이 적지 않았습니다. 그래서 소년 노동 해방은 어린이날 운동에서 큰 목표 중의 하나였습니다.

그리고 이 선언을 실행해 가기 위한 방법으로 '어른에게 드리는 글', '어린 동무들에게'라는 두 종류의 선전지를 20만 장이나 인쇄해서 집집마다 나누어 주었습니다.

어른에게 드리는 글

1. 어린이를 내려다보지 마시고 치어다 보아 주세요.
1. 어린이를 늘 가까이하사 자주 이야기하여 주세요.
1. 어린이에게 경어를 쓰시되 늘 보드랍게 하여 주세요.
1. 이발이나 목욕, 의복 같은 것을 때맞춰 하도록 하여 주세요.
1. 잠자는 것과 운동하는 것을 충분히 하게 하여 주세요.
1. 산보와 원족(멀리 걷기) 같은 것을 가끔가끔 시켜 주세요.
1. 어린이를 책망하실 때에는 쉽게 성만 내지 마시고 자세자세히 타일러 주세요.

1. 어린이들이 서로 모이어 즐겁게 놀 만한 놀이터나 기관 같은 것을 지어 주세요.

1. 대우주의 뇌신경의 말초는 늙은이에게 있지 아니하고 젊은이에게도 있지 아니하고 오직 어린이 그들에게만 있는 것을 늘 생각하여 주세요.

어린 동무들에게

1. 돋는 해와 지는 해를 반드시 보기로 합시다.

1. 어른에게는 물론이고 당신들끼리도 서로 존대하기로 합시다.

1. 뒷간이나 담벽에 글씨를 쓰거나 그림 같은 것을 그리지 말기로 합시다.

1. 길가에서 떼를 지어 놀거나 유리 같은 것을 버리지 말기로 합시다.

1. 꽃이나 풀을 꺾지 말고 동물을 사랑하기로 합시다.

1. 전차나 기차에서는 어른에게 자리를 사양하기로 합시다.

1. 입은 꼭 다물고 몸은 바르게 가지기로 합시다.

1922년 5월 1일 어린이날이 어린이날 시작의 문을 연 날이라면, 1923년 5월 1일은 어린이 운동의 횃불을 높이 들자고 모두 힘을 합친 날이었습니다. 어린이를 어른의 부속품 또는 소유물로 여기던 지난 시대와 완전히 등을 돌리고 새로운 어린이의 시대를 열자는 어린이 운동이 시작되었습니다!

어린이 그들에 대한 완전한 인격적 예우를 허락하라.

이 한마디는 시대가 아무리 바뀌고 발전해도 변하지 않는 진리일 것입니다. 지금 들어도 감동적인 이 선언이 이루어진 것은 어린이에 대해 앞선 생각을 가졌던 김기전, 방정환 두 어른이 있었던 덕분입니다.

두 어른은 '사람이 곧 하늘'이라는 천도교의 인내천 가르침을 따르고 있었습니다. 그래서 어린이도 '하늘님'을 모시고 있는 귀한 사람이라는 생각을 평소부터 하고 있었던 것입니다.

어린이들에게 높임말 쓰기를 앞서 실천한 것도 이들 두 어른이었습니다.

모든 사람은 평등하다, 이 한 가지의 신념을 뿌리에 두고 두 어른의 한결같은 어린이 운동은 점차 사회적으로 힘을 얻기 시작했습니다.

제3부

어린이날이 완전히
어린이의 명절이 될 때까지

방정환 동화 〈4월 그믐날 밤〉에 실린 두 번째 삽화(《어린이》 2권 5호, 1924년 5월)

어린이 운동의 두 바퀴, 조선소년운동협회와 색동회

조선소년운동협회의 이름 아래 조선에서 어린이날 깃발이 흔들리고 있을 때, 방정환은 어디에 있었을까요?

1922년 5월 1일 어린이날 때는 조선 어린이날의 현장에 있었지만, 1923년 5월 1일 어린이날 때는 일본 도쿄(동경)에 있었습니다. 이 시기는 방정환이 다니던 도요대학(東洋大學)이 학기 중이었지요.

방정환은 같은 날짜인 '5월 1일'에 맞춰 일본 도쿄 유학생들과 함께 어린이 문제를 깊이 연구하는 '색동회'를 세우게 됩니다.

이를 위해 방정환은 그 전해부터 어린이 동화, 동요, 연

색동회 회의록의 표지입니다. 첫 모임은 3월 16일, 창립식은 5월 1일에 이루어졌습니다. (독립기념관 소장)

극, 역사 등 여러 분야에서 뜻을 모아 연구할 동료를 찾아다녔습니다.

다시 돌아오는 5월 1일을 앞두고 방정환은 바다 건너 조선의 어린이날 준비를 어떻게 할지 궁리하고 있었습니다.

'작년에 겨우 싹이 튼 우리 어린이날이 잘 이어져야 할 터인데……'

'나는 바다 건너 이 먼 곳에 와 있고…… 올해 어린이날

도 잘 기념이 되려면 어찌하면 좋을까…….'

이렇게 밤낮으로 구상하던 터였습니다.

비록 몸은 일본에 와 있었지만, 방정환의 마음과 생각은 온통 조선 어린이들의 일에 쏠려 있었습니다.

'김기전 형님과 의논해 조선소년운동협회를 만들자.'

'강영호와 진장섭을 귀국시켜 어린이날이 잘 기념되도록 일을 도모해야겠어.'

방정환은 생각하던 끝에 3월 16일 색동회 첫 모임 후 강영호, 진장섭과 의논하여 조선의 어린이날 준비가 잘 이루어지도록 여러 가지 주선을 당부합니다.

진주 출신 강영호는 방정환과 같은 천도교인으로 어린이 운동에 뜻이 맞는 동갑내기였고, 다섯 살 어린 진장섭은 그가 보성고보에 다니던 시절 3.1독립만세운동 때 함께 만세를 불렀던 믿을 만한 후배였습니다.

이를 짐작해 볼 만한 자료가 당시의 '색동회' 회의록입니다. '색동회'가 두 번째 모임을 가진 날짜는 3월 30일인데, 그 회의록 끝 참석자 난에 '(강영호, 진장섭 귀국)'이라고 덧

개성, 진주, 김해 어린이날이 나란히 소개되어 있습니다. (《매일신보》, 1923년 5월 1일)

붙여 놓은 것이 보입니다.

두 사람 중 진장섭은 개벽사 간부를 만나 방정환의 뜻을 전해 어린이날 기념이 잘 이루어지도록 주선합니다. 그 과정이 같은 색동회 회원이었던 정인섭이 쓴 《색동회어린이운동사》에도 남아 있답니다.

1923년 5월 1일 어린이날을 다룬 기사를 보니, 두 사람의 출신 지역인 '개성'과 '진주'에서 '경성'(서울) 못지않게

어린이날이 완전히 어린이의 명절이 될 때까지

1923년 5월 1일 설립된 우리나라 최초의 어린이 문화 운동 단체 '색동회' 회원들의 모습입니다. 방정환, 고한승, 윤극영, 정순철, 조재호, 손진태, 정병기, 진장섭 등이 초기 색동회 설립에 참여했습니다. 《어린이》 1권 9호, 1923년 9월)

어린이날 선전이 이루어졌습니다. 이는 두 사람의 숨은 역할이 있었다는 것을 짐작하게 합니다.

얼마 뒤 진장섭은 다시 일본으로 건너가 5월 1일 '색동회' 창립식에 참여합니다. 창립식 때의 사진을 보면 당시 유학생들의 기운과 눈빛에서 미래에 대한 포부가 느껴지는 듯합니다.

젊은 청년들은 방정환의 집에 모여 '색동회'를 만들고 어린이 운동을 해 나가기로 굳게 맹세를 하였습니다.

이렇게 1923년 5월 1일 두 번째 어린이날도 크게 성공하였습니다!

1923년 5월 1일.

같은 날에 조선에서는 '조선소년운동협회'의 어린이날 기념식과 어린이 해방 선언문 발표, 일본에서는 어린이 문제 연구 단체 '색동회' 창립식이 모두 성공적으로 이루어졌습니다.

수천 년 동안 우리 역사에서 일찍이 없었던 실로 놀라울 '어린이의 세기'가 활짝 열렸던 하루!

이렇게 해서 조선소년운동협회는 해마다 어린이날 명절을 준비하는 소년 단체의 연합 협회로 힘차게 꾸려졌습니다. 조선소년운동협회는 1923년부터 1927년까지 약 5년간 어린이날을 이끌었습니다.

조선소년운동협회와 색동회는 실로 어린이 운동을 힘 있게 밀고 나가는 두 바퀴였습니다.

각 신문은 조선소년운동협회와 색동회 창립을 크게 반기

며 보도했습니다.

천도교소년회 어린이들의 힘으로 시작한 어린이날 선전은, 이렇게 많은 소년운동 지도자들이 한자리에 모여 '5월 1일' 어린이날을 인정하면서 더욱 우리 사회에 힘 있게 뿌리내릴 수 있었습니다.

색동회의 패기 넘치는 청년들은 1923년 5월 1일 설립 후 불과 2개월여 만에 놀라운 사업도 펼칩니다.

그것은 바로 '전 조선 소년 지도자 대회'였습니다.

그해 7월 23일부터 일주일간 이루어진 대회의 내용은 지금 보아도 알차고 진지합니다.

소년운동을 진흥코자 전 조선 소년 지도자 대회를 연다

기일: 1923. 7. 23.~28.

장소: 경운동 천도교 회당

참가 범위: 각 공사립 보통학교 교사,

소년 단체의 대표 지도자, 각 유치원 보모

[강연]

제1일 소년운동의 지위	김기전
소년 문제에 관하여	방정환
제2일 아동교육과 소년회	조재호
제3일 동요에 관하여	진장섭
동요에 관한 실제론	윤극영, 정순철
동화에 관하여	방정환
동화극	조준기
동화극의 실제	

제4일 시내 소학교 및 유치원 당국자의 경험담과 그에 대한 질문 및 토론

제5일 소년운동의 진행에 관한 주최 또는 참가자 제출 의안 토의

제6일 간담회

― 〈동아일보〉, 1923년 6월 10일

전국 각 지역의 어린이 운동 지도자들이 모여 일주일 동

안 이렇게 여러 분야에 걸쳐서 치열하게 어린이 문제를 고민했다니 그 열기를 알 수 있습니다.

2년 뒤인 1925년 5월 1일 어린이날에는 색동회도 일본 도쿄 한복판에서 조선 어린이를 위한 축하 기념식을 열었습니다.

방정환은 색동회가 일본 도쿄에서 어린이날을 기념한 것에 대해 '더할 수 없이 기쁜 일'이었다고 쓰고 있습니다.

> 동경에서 색동회 여러 어른의 주선으로 어린이날 축하가 가장 찬란하고 가장 감격 많은 중에 성대히 된 것이 더할 수 없이 기쁜 일이었고……
>
> — 방정환, '편집을 마치고', 〈어린이〉, 1925년 6월

신문에서도 이 소식을 크게 다뤄 주었습니다.

어린이날 포스터와 함께 도쿄 색동회 어린이날 기를 함께 실어 소개해 준 것입니다.

색동회는 이듬해 1926년 새해를 맞아 일본에서 지내는

왼쪽은 1923년 어린이날 때부터 사용한 어린이날 포스터이고, 오른쪽은 1925년 일본 도쿄에서 기념한 색동회의 어린이날 기 모습입니다. (《동아일보》, 1925년 5월 1일)

조선 어린이들을 초대하여 '어린이 신년회'를 갖기도 하였답니다. 그 기념사진이 〈어린이〉 잡지에 남아 있어 마치 어제인 듯 그림이 그려집니다.

그러니까 조선소년운동협회가 매년 돌아오는 어린이날을 기념하기 위한 비상설기구(필요할 때에만 활동하는 기구)였다면, 색동회는 〈어린이〉 잡지와 어린이 문제를 전문적으로

색동회가 일본에서 어린이를 초대하여 마련한 '1926년 어린이 신년회' 모습. 일본 도쿄 우에노 공원 근처 작은 요릿집에서 열었습니다. (《어린이》, 1926년 1월호)

연구하기 위해 뜻을 모은 모임이라고 할 수 있습니다.

방정환은 혹시라도 불행한 일이 자기에게 닥치더라도 두 단체의 동무가 있어 마음이 놓인다며 이렇게 글을 쓴 적이 있습니다.

불행한 중에서도 어린이날 일에는 조선소년운동협회의 여러분 동무가 있고, 〈어린이〉에는 나의 가장 믿는 이정호

씨와 색동회의 여러분이 계시니까 내가 없어도 잘들 보아 주려니 생각할 때에 얼마나 기껍고 다행하였는지 모릅니다. 그 두 가지 믿음으로 나의 괴로운 마음은 저으기 저으기 구원되었습니다.

– 방정환, '편집실에서', 〈어린이〉 5권 5호, 1927년 5월

이렇듯 방정환은 조선소년운동협회와 색동회를 우리나라 어린이 운동의 두 바퀴로 삼아 어린이 운동에 힘을 실었습니다.

색동회는 조선 지역을 여행하는 놀이판인 '조선일주말판'을 만들어 〈어린이〉 잡지사에 보내오기도 했습니다. 그리고 방정환과 색동회 회원들은 〈어린이〉 잡지에 많은 동화와 동요, 연극 작품을 발표했습니다.

해마다 5월이 되면 조선소년운동협회에서는 어린이날을 크게 기념하고, 〈어린이〉 잡지에서는 '어린이날 기념호'를 특별 편집하면서 어린이날을 준비했습니다.

1925년 무렵 〈어린이〉 잡지는 '10만 독자'를 당당하게

자랑할 만큼 크게 성장했기에 어린이날 소식을 알리는 데 큰 역할을 했습니다. 특히 '어린이날 기념호'는 한 달 전부터 굉장한 특집호와 부록 선물을 예고하면서 10만 어린이 독자의 마음을 무척 설레게 했습니다.

'어린이날 기념호'로 낸 〈어린이〉의 표지를 볼까요?

어린이들의 춤 공연과 어린이날의 풍선 띄우기 놀이, 하늘을 나는 비행기, 소년소녀의 어린이날 행진 같은 사진과 그림을 실었습니다.

왼쪽 위부터 차례대로 1924년, 1925년, 1926년, 1934년 '어린이날 기념호' 〈어린이〉 잡지 표지입니다. 1925년 5월호 표지에는 그 당시 어린이날 인기가 높았던 '고무풍선 띄우기' 장면이 실렸습니다. (한글박물관 소장)

어린이날 준비로 코피를 쏟은 방정환

5월 초하루.

방정환은 이 하루를 어린이의 명절로 만들기 위해 갖은 애를 썼습니다.

먼저, 매년 5월호 〈어린이〉 잡지를 어김없이 '어린이날 기념호'로 만들었습니다. 미리 〈어린이〉 독자들에게 어린이날이 다가오고 있음을 알리고, 전국의 각 소년회에서 어린이날을 미리 준비할 수 있도록 안내하고 이끌었습니다.

'어린이의 복된 명절 5월 초하루 어린이날이 다가옵니다.'
'각 소년회에서는 어린이날 선전지를 신청하세요.'

그때까지만 해도 아직 어린이날에 대한 이해가 완전히 되지 않았던 시기였습니다. 그래서 방정환은 〈어린이〉 지면으로 어린이날이 어떤 날인지 여러 차례 소개를 합니다.

> 5월 1일은 1년 중에 제일 기쁜 날, 어린이의 날입니다.
> 이날은 세상 모든 사람이 1년 360여 일 중에 이날 한 날을 특별히 어린이의 날로 정해 놓고 어린이를 위하여 일하고 어린이를 위하여 생각하고 어린이를 위하여 놀자는 날입니다.
>
> – '어린이의 날', 〈어린이〉 3호, 1923년 4월

1년 중에 제일 기쁜 날, 5월 1일!

특별히 이날 하루를 '어린이날'로 정해 놓고, '어린이를 위하여 일하고 어린이를 위하여 생각하고 어린이를 위하여 놀자'는 날로 삼자고 했습니다.

그렇다면 우리, 곰곰이 생각해 봅시다.

'어린이를 위하여' 무슨 일을 할까요?

'어린이를 위하여' 어떤 생각을 해 볼까요?

'어린이를 위하여' 함께 놀 거리는 무엇이 있나요?

여기서 '위하여'는 어린이를 위한 '어른'의 입장에서 생각할 수 있으나, 어린이 자신의 입장에서 바라볼 수도 있는 것입니다. 그리고 '위하여'의 순서가 '일하고', '생각하고', 그다음이 '놀고'입니다. 깊이 생각해 볼 필요가 있는 대목입니다.

방정환은 이어지는 〈어린이〉 4호에서 다시 이러한 내용을 강조합니다.

어린이의 날

이 즐겁고 기꺼운 어린이의 날을 축복하십시다.

오월의 첫날을 축복하십시다.

예전 예전부터 천 명의 소녀들이 종달새보다 일찍 깨어서 봄을 찾으러 갔다는 날이 이날이며, 짓밟히고 배 주린 뭇사람이 생명을 찾으러 나선 날이 이날이며, 세상 모든 사람이 오직 어린이를 위하여 일하고 생각하고 놀고 하여 평화롭게 지내자는 날이 이날입니다.

　이날만큼 세상 모든 사람이 어린이로 돌아오는 날이며, 이날만큼 사람 사람의 마음에 간격이 없이 어린이의 나라에서 한데 엉키어 5월의 세상같이 신선하고 따뜻한 평화의 봄날을 이루는 것입니다. ……

― '어린이의 날', 〈어린이〉 4호, 1923년 5월

　'짓밟히고 배 주린 뭇사람이 생명을 찾으러 나선 날'이 어린이날이라고 합니다. 이들이 바로 그때까지 천대받고 학대받으며 사람대접을 못 받던 '어린이'가 아니었을까요?

　'생명'과 '평화'. 두 단어는 방정환이 글을 쓸 때 특별히 골라 쓴 말로 보입니다. 사람다운 참 생명의 삶을 찾아야 평화를 이룰 수 있기 때문입니다.

　방정환이 정의한 '어린이날'이 정말 굉장합니다.

'세상 모든 사람이 오직 어린이를 위하여 일하고 생각하고 놀고 하여 평화롭게 지내자는 날.'

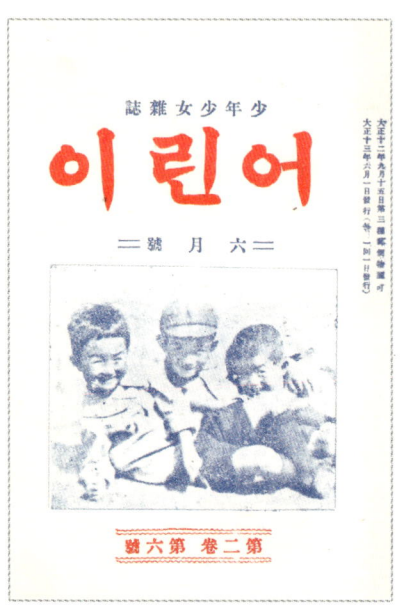

표지에 실린 어린이 세 명의 표정이 퍽 정답습니다. 《어린이》, 1924년 6월호)

　세상에! 어린이에게 이만큼 설레고 들뜨게 하는 표현이 있을까요?

　세상 모든 사람이 어떻게 '오직 어린이를 위하여' 일하고, 생각하고, 놀고 할 수 있을까요?

　모든 사람이 '어린이'를 중심에 두고, '어린이'로 돌아와서 '어린이의 나라'에서 '한데' 엉킬 수 있다면 어떤 세상이 될까요? 방정환이 이 글에 쓴 그대로 '따뜻한 평화의 봄날' 같은 세상이 오지 않을까요?

어린이날은 온 세상 사람들이 '어린이를 위하는' 날!

이 같은 어린이날 모습을 우리는 매년 만들어 갈 수 있을까요?

요즘 사회 뉴스를 보면 '어린이날'에도 비참하게 죽어 가는 어린이 소식이 보도되어 안타깝습니다.

집에서, 마을에서, 동네에서, 학교에서, 나라에서 이날 하루를 정해 '오직 어린이를 위하는' 일을 해 나간다면 앞으로의 세상은 점차 점차 '평화롭게' 나아가지 않을까 생각됩니다.

다 같이 행복한 세상, 어린이도 어른도 함께 잘사는 세상, 어린이날은 바로 그런 세상을 만들기 위한 선전의 날이었습니다.

그러기에 이 어린이날을 지키기 위해 방정환은 온갖 정성과 희생을 다한 것입니다.

'어린이날만큼은 꼭 명절이 되도록 하자.'

그런 각오를 다지며 어린이날을 벌써 3년째 준비하던 어느 날 방정환은 그만 코피를 쏟기도 하였습니다.

〈어린이〉 1924년 6월호 편집후기에 방정환은 이렇게 씁니다.

• 4월 보름께부터 5월 열흘께까지 거의 한 달 동안을 '어린이날' 준비와 또 선전으로 하여 잠시 앉아 있을 사이 없이 바쁘게 지냈습니다. 이른 아침부터 밤중이 지나고 다시 새벽 3시, 4시가 되기까지 일하기를 꼭 보름 동안이나 하였습니다. 그동안에 강진동 씨, 정병기 같은 이는 병이 나기를 두 번이나 했습니다.

5월 엿샛날까지 다 치르고 나니 누구에게 흠씬 두들겨 맞은 사람같이 온 전신이 아프고 느런하게 늘어지면서 코피가 자꾸 쏟아졌습니다. 참말이지 처음 당해 본 일이었습니다.

• 그러나 치루어 놓고 보니 그렇게 마음에 기껍고 유쾌

방정환은 어린이날 준비를 어떻게 했는지 당시 상황을 잡지를 다 만들고 편집후기에 남겼습니다. (《어린이》, 1925년 6월)

한 일은 없었습니다. 34만 장의 선전지를 시골마다 보내 놓고 여기저기 시골 소년회에서 전보(電報)가 자꾸 오고 500리, 600리나 되는 먼 시골에서 전화로 선전지 어서 보내라는 독촉이 자꾸 오고 할 때 우리는 우리의 기운이 부쩍 늘어가는 것을 느꼈습니다. 기운이 나고 신이 생겨서 몸이 부서질 뻔해도 모르고 그냥 즐거운 마음으로만 일하였습니다.

– 방정환, '남은 잉크', 〈어린이〉, 1924년 6월호

1924년이면 벌써 '세 번째' 어린이날을 준비하는 해입니다. 해마다 어린이 운동에 참여하는 사람들이 많아지니 아마 점점 더 일이 많아졌을 것으로 짐작해 봅니다.

어느 날 밤낮없이 일해 어린이날을 다 치르고 난 후 방정환은 '누구에게 흠씬 두들겨 맞은 사람같이' 온몸이 늘어지면서 코피를 쏟고 맙니다. '이른 아침부터 밤중이 지나고 다시 새벽 3시, 4시가 되기까지' 꼬박꼬박 '보름 동안'을 이어 일을 했으니, 느런하게(힘이 없이 축 처진 모습) 늘어지면서 코피를 쏟고 만 것입니다.

코피를 쏟은 것은 그 이듬해 1925년 어린이날 때도 마찬가지였답니다. 이번에는 어린이날 강연장에서였습니다.

4월 20일부터 5월 1일까지 어린이날 준비를 위하여 아무것도 없는 빈손으로 여러 가지를 주선하느라고 낮에서 밤을 잇고 밤에서 낮을 대어 일하고는 기어코 5월 1일 밤에는 연단 위에서 말하다가 코피를 쏟아 수치를 당하고 다시 뒤엣일을 치다꺼리하느라고 5월 10일까지도 골몰하고 그리고 어린이날까지에 쓴 돈이 부족하여 빚에 쪼들리다가 기어코 산보 한번 못 하고 몸조섭도 못 하고 그냥 뒤이어 편집을 시작한 꼴이 하도 피곤한 끝이라 간신간신히 하여 이제야 편집해 놓은 꼴이 애쓴 만큼 그리 사뜻하게 되지 못하였습니다.

– 방정환, '편집을 마치고', 〈어린이〉, 1925년 6월

허약해진 몸의 기력을 회복하도록 보살피는 몸조섭도 못 하고, 너무 피곤해 편집해 놓은 게 사뜻하게(깨끗하고 말쑥하게) 되지 못했다고 하니, 방정환이 얼마나 애를 썼는지 알 수 있습니다.

그런데 이 글을 통해 몇 가지 우리는 방정환의 어린이날 활동에 대한 중요한 사실을 확인할 수 있습니다.

첫째, 어린이날 준비를 위한 기간입니다. 글을 보면, 약 '4월 보름부터 5월 10일까지' 거의 한 달가량 어린이날 준비와 선전 작업을 한 것입니다. 어린이날을 기념하기 위해 실로 많은 시간 동안 공들인 것을 알 수 있습니다.

둘째, 소년회에서 어린이날 선전지를 요청하고 있는 내용입니다. '먼 시골'에 있는 소년회마다에서 '선전지'를 어서 보내라고 독촉하는 내용은 퍽 인상적입니다. 자발적이면서 민주적인 어린이회의 활동을 엿볼 수 있습니다.

코피를 쏟으면서까지 어린이날 준비와 선전을 하느라고 무던히 애를 쓴 방정환. 어린이 일이라면 아픈 줄도 모르고 있었던 방정환.

이렇게 코피를 쏟아 가면서도 방정환은 점점 커지는 어린이날 행사를 보면 오히려 기운이 솟고 신이 나서 그냥 '즐거운 마음'으로만 일하였다고 합니다.

해마다 해마다 방정환은 이 어린이날이 완전한 명절이 될 때까지 일했습니다.

'어린이날'이 잘되어 가기를 얼마나 바랐는지……. 그의 절실했던 마음이 지금까지 전해지는 듯합니다.

어린이날을 참된 어린이의 명절로

오늘날 매년 5월이면 당연하게 맞이하는 '어린이날'. 그러나 100년 전만 해도 결코 그러지 못했습니다. 일제가 우리나라를 빼앗고 강제 점령하고 있었을 때였으니까요. 어린이날은 해마다 일제 조선총독부의 방해와 탄압을 받지 않았던 적이 없었습니다.

더욱 〈어린이〉 잡지까지 도맡아 펴내던 방정환은 '어린이날'이 완전히 어린이의 명절로 자리 잡을 때까지 아무리 고단하고 마음이 힘들어도 쉴 틈이 없었습니다.

이 책이 여러분 손에 펴지게 될 날은 5월 1일! 우리의 마음이 다 같이 뛰놀 '어린이날'입니다. 우리는 이 책이 그날 여러분 품에 안김으로써 그날의 기쁨이 조금이라도 여러분께 더하여지기를 바라고 있습니다.

여러분 다 같이 재주껏 마음껏 금년의 어린이날을 즐겁게 기쁘게 지내십시다. 그리고 될 수만 있으면 자기 지방의 소년회에 뛰어들거나, 또 만들어서 선전에 힘을 바치십시다. 그리하여 이 '어린이날'이 완전히 명절이 될 때까지…….

– 방정환, '편집을 마치고', 〈어린이〉, 1926년 5월

방정환은 '어린이날'을 잘 지키는 것만으로도 '어린이'를 위해 많은 일을 일으키고 해낼 수 있다고 보았습니다. '어린이날'이 잘 지켜질수록 소년회가 더 많이 조직되고, 또 소년회가 점차 늘어 갈수록 어린이 운동의 기세는 더욱 높아지는 것이니까요.

그렇지만 방정환은 1927년 어린이날을 앞두고 '개벽 필화사건'(잡지에 쓴 글이 문제가 됨)으로 편집국장이던 차상찬과 함께 일제 조선총독부 검사국에서 조사를 받으며 꼬

박 30여 일간 경찰서 구치소에 갇혀 있기도 했습니다.

이때도 방정환은 〈어린이〉 잡지 내는 것은 물론이거니와 자칫 '어린이날'까지 기세가 꺾이면 어쩌나 이만저만 걱정이 아니었습니다.

…… 내가 이러고 있노라고 〈어린이〉가 발행이 못 되거나 몹시 늦어지거나 하면 그 노릇을 어찌하며 5월 1일 어린이날이 기세가 꺾이면 어찌하나…… 오직 그 두 가지 일 때문에 마음이 몹시도 괴로웠고 밤에도 잠이 편안하지 못하였습니다.

아아 참말 10만 독자의 기대와 나의 소중한 책임을 생각할 때에 내 가슴은 불에 타는 듯이 아팠습니다. ……

– 방정환, '편집실에서', 〈어린이〉, 1927년 6월

당시 방정환의 안타까웠던 심정이 그대로 전해지는 듯합니다.

그때만 해도 어린이날 기세가 꺾일 수 있을 만큼 아직 완

편즙실에서

우리 十萬의 독자 여러분!
여러분의 압헤 무어라고 인사를 하여야 조흘지 모르겟슴니다. 더구나 그동안 나의 일을 소군으로라도 궁금해하고 념려하고 미안한 인사를 드릴 길이 업슴니다. 주신 여러분에게 무어라고 인사를 드릴 길이 업슴니다.

서잡지에 글을 쓴 것이 말성이 되여 눈 깜작 할사이에 고생하는 날이 三十日 동안을 전혀 빗갓갓 일이 지내엿슴니다. 그동안 신세가 괴롭거나 고생한 일은 업섯고 다만 밧삿일 생각하고 념려하노라고 마음이 괴로웟던 것은 이로 붓으로 할 수가 업슴니다.

내가 이러고 잇노라고 『어린이』가 발행 못 되거나 몸시 저지거나 하면 그 노릇을 엇지하며 어린이 날 일이 오죽 그 녀석이 가석기면 하나… 두가지 일새 문에 마음이 몸시 괴로웟고 밤에도 잠ㅅ 편안하지 못하엿슴니다. 아아 참말

十萬 독자의 기대와 나의 소중한 책임을 색각 할ㅅ대에 내 가슴은 불에 도시 알헛슴니다. 그러나 불행한 중에서도 소년운동협회의 여러분 동무가 잇고 『어린이』에는 장긔 잇는 李定鎬씨와 색동회의 여러분이 게시 닛가 내가 업서도 잘 들 보아 주려니 색각 할ㅅ대에 얼마나 다행하엿는지 모름니다. 그두 가지 일로 저욱으로 나의 괴로운 마음은 저윽이 구원되엿슴니다.

그동안에 보고 싶던 일이 만헷슴니다. 그러나 참말 눈물ㅅ지 안을 만큼 늣긴 일도 잇섯슴니다. 그러나 그런 이약이는 지금 이 자리에 쓸 조각이 업스니 다음 마음에 반듯이 이다음에 이약이 하지요. 이다음에 반듯이 쓰겟슴니다.

『어린이』이달치 한책을 피곤하고 약해진몸으로 더구나 아츠가다음 어지지 안은 정신으로 억지로 편흡하엿슴니다. 모든것은 다음七月호에 오즉 한가지 일 게서 가석기면 기다려 주십시요 조곰 몸을 쉬여서 머리를 가다듬어 가지고 새로운 편즘을 해해 보여 드리겟슴니다. (方)

방정환이 쓴 편집후기의 글입니다. 끝에 '(방)'이라고 글쓴이(방정환) 표시를 하였습니다. (《어린이》, 1927년 6월호)

전히 어린이날이 명절로 자리 잡히지 않은 때여서, 계속계속 선전하고 알려 나가지 않으면 안 되었습니다.

특히, 1926년에는 순종 임금(대한제국 융희황제)의 장례식 문제로 어린이날 기념을 못 하게 되어 아주 '중지' 선언을 했던 터였기에, 이 글을 쓰던 1927년 어린이날까지 연이어 제대로 기념하지 못할까 봐 노심초사했습니다.

다행히 방정환은 어린이날을 바로 코앞에 둔 4월 26일 풀려났고, 1927년 어린이날은 다시 더 굉장한 기세로 기념할 수 있었습니다.

그때의 신문기사를 보면 당시의 풍경을 짐작할 수 있습니다.

'소년소녀의 만세 소리가 서울 천지를 진동.'
'5,000명 어린이들 만세 소리가 서울의 거리 거리에 가득하여.'

몇천 명이나 되는 소년소녀들은 표어기, 축하기, 각 단체

기를 서로 나눠 든 채 만세를 불렀고 악대의 연주에 맞춰 어린이날 노래를 소리 높여 부르며 시내 각처를 행진했습니다.

으레 어린이날 기념식이 끝나면 선전지를 나눠 주고 기행렬이 자연스럽게 이루어졌습니다. 물론, 일제 조선총독부 경찰의 감시와 방해도 점점 더 심해져 갔습니다. 그네들은 각종 핑계를 잡아 전국에서 일어나는 소년회 행사와 어린이날 기념식을 탄압하고 중지시키기 일쑤였습니다.

그럼에도 우리 어린이날은 해마다 쑥쑥 자라 갔습니다.

방정환 선생이 바라는 대로 이루어지고 있었습니다.

1922년 5월 1일 첫 어린이날!
1923년 5월 1일 세계 처음으로 '어린이 해방 선언문' 발표!
1924년 5월 1일 '어머니 대회', '고무풍선 띄우기' 놀이
1925년 5월 1일 '어린이 대회', '어머니 대회', '아버지 대회', '고무풍선 띄우기', '어린이날 노래' 처음 지어 부르기

1925년은 1924년에 시작된 어머니 대회가 '어린이 대회', '어머니 대회', '아버지 대회'로 발전하여 실로 어린이, 어머니, 아버지가 함께 어린이날을 준비하고 기념한 해가 되었습니다.

1925년 6월호 〈개벽〉에서도 다음과 같이 소개했습니다.

5월 1일 어린이날 기념 축하회가 경향(경성과 지방) 각지에 성황으로 열린 가운데 특히 경성에서는 5,000~6,000의 소년소녀 기행렬로 공전의(비교할 것이 없는) 대성황을 이루었다.

1921년 5월 조직된 '천도교소년회' 소년들로부터 시작된 외침, 어린이도 평등한 한 사람으로 이 세상의 당당한 주인이 되자는 생각은 점차 우리 사회의 큰 운동으로 퍼져 갔습니다.

모여든 어린이들 손에는 어린이날 기가 흔들리고 있었습니다. 어린이날에 흔들었던 기를 한 번 볼까요?

1923년 5월 1일 방정환과 어린이들이 함께 흔들었던 어린이날 기. 크기는 가로 38cm, 세로 27cm. (윤석중, 《어린이와 한평생》)

　선홍색 붉은 깃발은 뛰노는 어린이 마음이 그대로 표현된 것 같습니다.
　지금부터라도 해마다 어린이날이 돌아오면 우리나라 전국 각지에서 어린이날 기를 소박하게 만들어 들고 행진하는 모임을 만들면 어떨까요?
　우리들의 작은 행진이 모여 사회의 큰 변화를 만들어 갈

수 있기 때문입니다. 사회는 그 사회에 속한 사람들의 생각이 바뀌면서 변해 가는 것이니까요.

어른들에게는, 이렇게 해 달라는 당부의 말.
나한테는, 이것은 꼭 지키겠다는 스스로에 대한 다짐의 말.
친구들하고는, 우리 이거 한번 같이해 보자 제안하는 말.

이렇게 우리 사회에 하고 싶은 말을 적은 작은 깃발이나 손팻말을 들고 어린이날 행진에서 만나 보면 어떨까요?
온 국민이 다 함께 기쁨으로 맞이하는 참된 어린이 명절.
방정환 이야기도 듣고, 어린이날이 생긴 참된 의미도 잘 살려 보고, 즐겁게 노래하고 춤추며 기쁜 마음으로 행진에 나서 보면 어떨까요?
행진! 행진!
행진 노래도 빠질 수 없겠습니다.
1925년 어린이날부터 노래를 만들어 불렀습니다. 노랫소리가 서울 시내에 울려 퍼지자 어린이날 기행렬은 더욱 씩

1925년부터 부르기 시작한 어린이날 노랫말입니다. 모두 2절로 되어 있고, '만세 만세' 하는 후렴구가 인상적입니다. (《시대일보》, 1926년 4월 26일)

씩하고 기운차게 움직였습니다.

1925년부터 부르기 시작한 '어린이날 노래'는 모두 2절로 되어 있었습니다.

특히 후렴구에 '만세 만세를 같이 부르며' 하는 대목이 있습니다.

어린이 만세!

조선 독립 만세!

그런 마음이 아니었을까요?

이 노래는 김기전, 방정환 두 어른이 함께 지은 것으로 알려져 있습니다. 당시 '야구가'(원곡은 '조지아 행진곡')에 맞춰 불렀다고 합니다.

각 신문에 소개된 '어린이날 노래' 가사 끝에 '(곡조는 야구가)' 이렇게 덧붙여 놓았습니다. 당시 어린이들이 따라 부르기 쉽도록 인기가 높은 야구 응원가에 맞춰 부르도록 한 것이지요.

1절 내용만 볼까요?

기쁘구나 오늘날 5월 1일은

우리들 어린이의 명절날일세

복된 목숨 길이 품고 뛰어노는 날

오늘이 어린이의 날

어린이날 노래 듣기

만세 만세를 같이 부르며

방정환은 〈어린이〉 잡지 표지에 '어린이날 노래'의 가사와 악보를 싣기도 했습니다. (《어린이》, 1927년 5월호)

앞으로 앞으로 나아갑시다

아름다운 목소리와 기쁜 맘으로

노래를 부르며 가세

'오늘날 5월 1일은 우리들 어린이의 명절날'이라는 구절이 큰 울림을 줍니다.

어린이의 앞날에 희망을 품고 씩씩하게 발맞추어 행진했을 옛날 어린이날의 광경이 자연스럽게 상상이 됩니다.

그런데 곡조 자체는 1910년대부터 우리나라에 알려져 불렸습니다. 먼저는 신흥무관학교(1911년 설립) 교가에 붙여 불렸고, '신대한국 독립군가'의 가사도 이 곡조에 맞춰 부르면서 대표적인 독립군가가 되었다고 합니다.

1925년 어린이날 노래보다 14년이나 앞서 독립군가로 먼저 부르기 시작했다는 것이지요. 아마도 어린이날 노래를 부르거나 듣는 어른들은 어린이날 노래가 '독립군가'와 같은 곡조라는 것을 눈치채지 않았을까 싶습니다.

당시 신흥무관학교 교가도 한번 비교해 들어 볼까요?

신흥무관학교 교가 듣기

겉으로 보이지 않게는 독립군 노래이기도 했던 어린이날 행진곡…….

어린이날 기념 기행렬을 하며 자라나는 조선 어린이들의 가슴속에는 은연중에 독립에 대한 열망이 싹트고 있었을 것입니다.

씩씩한 행진곡처럼 어린이날의 기세는 해마다 드높아 갔습니다. 우리 어린이날은 어느 날 뚝딱! 우연히 만들어진 것이 아닙니다. 1922년 5월 1일 처음 선포되어 한 해 한 해 점점 더 힘차고 즐겁고 풍요롭게 발전해 나갔습니다.

어린이날 기행렬은 어린이 인권을 외치던 행진

해마다 인쇄했던 어린이날 선전지 매수만 보더라도 어린이날의 성장세가 한눈에 들어옵니다.

1922년 1만 2,000장을 찍었던 선전지는 불과 1년 뒤인 1923년에는 그 열 배도 훨쩍 넘는 20만 장, 1924년에는 34만 장, 1925년에는 70여만 장, 그리고 1926년에는 무려 100만 장이나 인쇄하기에 이릅니다.

참으로 놀라운 성장입니다.

어린이날을 알리는 선전 규모가 불과 4년 만에 백 배가량 커진 것이 아닙니까?

매년 '어린이날 기념호'를 낸 〈어린이〉 1929년 5월호에는

〈어린이〉 1929년 5월호 '어린이날 기념호'에 실린 어린이날 장면입니다. 왼쪽 위부터 시계 방향으로 어린이날 기념식, 선전지 배포, 풍선 띄우기, 기행렬입니다. (사진·한글박물관)

어린이날의 풍경을 쉽사리 상상해 보도록 하는 그림이 넉 점 실려 있습니다. 이 그림이 누구의 솜씨인지는 알 수 없지만 어린이날을 퍽 정감 있게 그렸습니다.

어린이날 기념식 장면에서는 '어린이날'이라는 깃발을 높이 세우고, 양쪽으로 늘어진 줄에 알록달록한 깃발을 웅장하게 달았습니다. 모여 있는 군중 앞에서 손을 높이 들고 연설하는 사람이 있군요.

그 옆 그림은 어깨에 띠를 메고 소년소녀가 함께 어린이날 선전지를 나눠 주는 풍경입니다. 어른에게 전하기도 하고, 집집마다 선전지를 넣어 주기도 했군요.

아래 왼쪽 그림은 어린이날 기행렬입니다. '우리는 조선의 새싹'이라고 쓴 깃발을 앞세웠습니다. 학생 모자를 쓴 선발대는 오늘날로 보자면 중학생 같습니다.

선발대 바로 뒤로 피리를 부는 사람, 또 그 뒤로 큰 북을 치는 사람을 볼 수 있습니다.

우리도 어린이날 기행렬 때 중학교 언니 형님들이 함께 하면 좋겠습니다. 어린이들을 앞에서 이끌어 주고 잘 안내

해 줄 수 있을 것입니다.

마지막은 1924년, 1925년 어린이날에 했던 '풍선 띄우기' 장면입니다. 풍선에 길고 네모난 종이가 달려 있는데, 풍선 날리는 어린이의 이름을 적은 것이랍니다.

그러면 대체 이 어린이날 기념은 왜 하며, 어린이날 기행렬에는 어떤 의미가 있을까, 생각해 보게 됩니다.

〈어린이〉 1929년 5월 어린이날 기념호에는 방정환과 친구였던 류광렬 어른의 '어린이날이 생기기 이전과 지금과 또 장래'라는 글이 있습니다.

이 글에서는 크게 세 가지로 나누어 어린이날이 생긴 뜻을 설명하고 있습니다. 퍽 공감이 되어 소개해 봅니다.

사람으로 본 바

어린이날이 생기기 전에는 어린이의 인격(人格)을 인정하지 않았다. '네까짓 것이 무엇을 아느냐'고 핀잔만 주고 심하면 때려도 주었다.

그러나 어린이날이 생긴 이후로 지금까지는 어린이도 사

람이다. 그 인격을 존중하여라, 어린이는 인생의 쌀이니 핀잔만 주고 때려서 기르지 말자는 선전을 하였다.

어린이 자신으로 본 바

어린이가 학교와 글방에 다녀서 단체 생활을 하지 않은 것은 아니지만 그 외에 단체 생활은 한 일이 없었다. 그래서 그들은 틈만 나면 잘못된 장난을 많이 하고 헤어졌다.

그러나 어린이날이 생긴 이후로 소년 단체가 왕성해지며 제멋대로 함부로 놀던 어린이는 소년회에서 좋은 말도 듣고 좋은 놀이도 하게 되었다. 소년 단체가 더욱 많아지고 가입하는 어린이가 많아지면 어려서부터 단체 생활이 어떠한 것을 알고 책임 관념이 깊어지며 많은 소망을 가지게 될 것이다.

어린이 명절 풍속으로 본 바

어린이날이 생기기 전에도 우리에게는 여러 가지 명절이 있었으나 그것은 모두 일반적인 것이었고 특히 어린이를 위한 명절은 아니었다.

　그러나 어린이날이 생긴 이후로 조선의 어른과 어린이는 명절 하나가 늘었다. '새 옷 입고 기를 들고 굉장하게 거리를 도는 날이 왔다'고 어린이 자신이 손꼽아 기다리는 것은 물론이요 새 옷을 입혀 보내는 어머니나 아버지도 퍽 기뻐하게 되었다.

– 〈어린이〉, 1929년 5월 어린이날 기념호

　이 글은 어린이날을 기념하면 어린이에 대한 사회의 생각이 변하고, 어린이 자신이 변한다고 말합니다. 그래서 어린이날은 '어린이 명절'로서 어린이들이 손꼽아 기다리는 기념일이 될 수 있는 것이겠지요!

　실로 이 어린이날이 '어린이의 명절'이 되도록 하기 위해 어떠한 어린이날로 가꾸어 갈지 이것은 우리에게 남아 있는 큰 숙제입니다.

　그냥 하루 노는 날?

　엄마 아빠한테서 용돈 받는 날?

점수 잘 받아 비싼 장난감 받는 날?

'새 옷 입고 기를 들고 굉장하게 거리를 도는 날이 왔다'고 어린이 자신이 손꼽아 기다리는 날.
새 옷을 입혀 보내는 어머니나 아버지도 퍽 기뻐하게 되는 어린이의 명절날.

이 글에서 우리 어린이들이 사회의 당당한 주인으로 잘 자라기를 바라는 마음을 느낄 수 있습니다. 이렇게 해마다 어린이날 기념식에 참가하는 소년회는 점차 늘었습니다.
그러면 어린이날 기행렬 사진을 만나 볼까요?
다음 사진은 1925년 5월 1일 개성소년회와 샛별사 소년회가 모여서 어린이날 기념 행진을 하는 모습입니다. 개성중앙예배당으로 수천 명의 어린이가 모였습니다.
유치원에서도 어린이날 기행렬에 참여했습니다. 선생님 손을 잡고 열을 지어 가는 어린이의 옷차림을 볼까요? 어린이를 위한 명절날이라 새 옷을 차려 입고 함께 기념하는

개성 지역 소년회의 어린이날 기념식 모습입니다. (《샛별》, 1925년 5월호, 국립어린이청소년도서관 소장)

유치원에서도 행진에 참여한 것을 알 수 있습니다. 어린이들이 어린이날 기를 흔들고 있습니다. (《어린이》, 1934년 5월호)

모습입니다.

사진을 자세히 보니, 손에 든 긴 막대 위쪽에 종이로 만든 어린이날 기가 달려 있습니다. 요즘이야 공장에서 손쉽게 물건을 찍어서 배달되는 세상이지만, 당시만 하더라도 저 어린이날 기를 일일이 만들지 않았을까 생각됩니다.

어린이날 기행렬은 1930년대까지도 어린이날을 기념하는 중심 행사로 자리 잡고 이어졌습니다. 어린이날의 기행렬은 장관이었습니다.

〈동아일보〉1934년 5월 9일 신문에는 각 지역의 어린이날 기행렬 소식이 실렸습니다. 수원, 박천, 진남포, 포천, 평양, 강동 지역을 사진으로 소개하고 있습니다.

어린이들의 손길마다 쥐어져 흔들리는 흰 깃발은 눈이 부시기까지 합니다. 눌려만 지내던 어린이들이 비로소 터뜨리는 큰 함성 같습니다.

어린이날 기념식을 마치고 기행렬을 시작할 때, 어린이들의 기분은 어떠했을까요?

어린이날! 오늘은 우리의 명절!

(《동아일보》, 1934년 5월 9일)

어린이들은 이날만큼은 기죽지 않았습니다. 힘껏 기를 흔들고 '어린이날 노래'를 목청껏 불렀습니다.

어린이들에게도 사람의 권리가 있다!

어린이들이 깃대를 높이 세우고 거리를 행진하는 모습. 어린이날 기행렬은 곧 어린이의 인권을 위하라고 외치는 행진이었습니다.

기행렬을 모두 마치면 기념식장으로 돌아와 만세 삼창을 하고 헤어집니다. 이게 전부가 아니었습니다. 어린이를 위한 연예 공연과 강연, 다양한 축하 프로그램이 저녁 시간에 풍성하게 준비되었습니다.

그런데 어린이날 역사에서 그동안 잘 알려지지 않았던 일이 한 가지 있습니다.

바로 1926년 5월 '어린이날 중지' 사건입니다.

과연 이 해에는 무슨 일이 있었으며 왜 '중지' 발표를 해야만 했을까요?

제4부

어린이날 100주년,
다시 5월 초하루를 살려 내며

방정환 동화극 〈토끼의 재판〉에 실린 삽화(《어린이》 1권 10호, 1923년 11월)

금년 어린이날은 아주 중지되었습니다

어린이날을 며칠 앞둔 1926년 4월 25일, 순종 임금이 승하(임금이 세상을 떠남)하였습니다.

선전지도 100만 매 인쇄해 놓고 기행렬 준비도 다해 놓았지만, 나라의 임금을 잃은 슬픔 속에서 기뻐하고 축하하는 어린이날을 기념할 수가 없었습니다.

그다음 차선책으로 '음력 5월 1일'로 맞춰 보려고도 하였으나 이 역시도 안 되게 되었습니다. 이래저래, 다른 날로 옮기자는 주장들도 나왔습니다만 방정환은 생각이 완전히 달랐습니다.

얼마 전, 〈어린이〉 잡지의 부록 어린이신문 〈어린이세상〉

地方少年團體에

금년『어린이날』은 아조中止되엿슴니다。선전지百萬枚도 다박여 노앗고 旗行列준비도 다해 노앗스나 국상으로 인하야 음력五月一日에 도못하게된고로 더 이날 저날 구차히 연긔하는것은『어린이날』의진정한 의의를 감하게하는 일이고 쪼라서『어린이날』의힘을 약하게하는 일인고로 어느해에던지 五月一日에 못하게되면 그해는 싹中止하야 멋단체나 멋사람의 의견으로 이리저리연긔할수 는것인줄로 알게할필요가 잇서서 아조中止하기로하엿슴니다。

그리고 五月단오에나 또다른날에나 조혼긔회에어린사람을 즐겁게놀리거나 『어린이保育을 선전하는일은 마음대로 얼마던지 힘써할일이되 억지로『어린이날』이란일흠으로할필요도업거니와 그리하는것은 不可한일인즉 단오나 다른날에 하는일은『어린이날』이라하지말고『단오노리』라하던지『어린이노리』라하던지 다른일홈을 붓처서하자고결의되엿슴니다。 그리고 地方단톄에서도 이쯧을 깁혀 집작하시고되도록 하시기바람니다。

朝鮮少年運動協會

이 발굴되어 이러한 사실을 자세히 알게 되었습니다. 그 신문 8호에는 '어린이날 중지'를 발표한 조선소년운동협회(회장 방정환)의 글이 실려 있습니다.

지방 소년 단체에

금년 '어린이날'은 아주 중지되었습니다. 선전지 백만 매도 다 박아 놓았고 기행렬 준비도 다해 놓았으나 국상으로 인하여 음력 5월 1일에도 못 하게 된 까닭으로 더 이날 저날 구차히 연기하는 것은 '어린이날'의 진정한 의의를 감하게 하는 일이고 따라서 '어린이날'의 힘을 약하게 하는 일인 까닭에 어느 해에든지 5월 1일에 못 하게 되면 그해는 딱 중지하여 몇 단체나 몇 사람의 의견으로 이리저리 연기할 수 없는 것인 줄로 알게 할 필요가 있어 아주 중지하기로 하였습니다.

그리고 5월 단오에나 또 다른 날에나 좋은 기회에 어린 사람을 즐겁게 놀리거나 '어린이 보육'을 선전하는 일은 마음대로 얼마든지 힘써 할 일이되, 억지로 '어린이날'이란 이름으로 할 필요도 없거니와 그리하는 것은 불가한 일인즉 단오나 다른 날에 하는 일은 '어린이날'이라 하지 말고 '단오놀이'라 하든지 '어린이놀이'라 하든지 다른 이름을 붙여서 하자고 결의되었습니다.

지방 단체에서도 이 뜻을 살펴 짐작하시고 되도록 그리하시기 바랍니다.

— 조선소년운동협회

5월 1일 어린이날을 못 하게 되면 그해는 딱 중지합니다! 참 단호한 결심입니다.

왜 방정환은 우리 어린이날은 이날 저 날 옮길 수 없다고 결정했을까요? 그것은 '어린이날'을 바로 지키기 위해서라고 합니다.

이날 저 날 구차히 어린이날을 연기하는 것은 '어린이날'의 진정한 의의를 감하게 하는 일.

따라서 그것은 '어린이날'의 힘을 약하게 하는 일.

여기서 특별히 눈길을 끄는 것은 '진정한 의의'라는 표현입니다. 그렇다면 방정환이 지키고자 한 어린이날의 '진정한 의의'는 무엇이었을까요? 이날 저 날 어린이날을 옮겨서 하면 그 힘이 약해지고 만다는 그 '진정한 의의'는 참말 무엇이었을까요…….

우리가 지켜 오는 8.15 광복절, 3.1독립만세운동 기념일을 형편이 되는 대로 8월 20일이나 3월 20일 이렇게 왔다 갔다 옮겨서 기념하면 어떻게 될까요? 역시, 그 기념의 의미가 약해질 수밖에 없는 것입니다.

그래서 방정환은 어린이날의 힘이 약해지지 않도록 하기 위하여 '몇 사람의 의견'만으로 어린이날을 이날 저 날 옮길 수 없도록 못을 박은 것입니다.

다른 날을 잡아서 하면 '단오놀이'라든지 '어린이놀이'라는 이름을 붙이면 되는 것이지 굳이 '어린이날'이라는 이름을 붙이는 것은 '불가'(不可, 허락되지 않음)하다는 말이지요.

선전 인쇄물을 100만 장이나 찍어 놓고 어린이날 '중지'

결정을 알려야만 했을 때 방정환에게도 이 일은 결단코 쉽지 않았을 것입니다.

고민에 고민을 거듭했을 것입니다.

'어느 날이든 어린이날을 기념하는 게 좋을까.'

'날짜야 이날이든 저 날이든 무슨 상관일까. 어린이날을 기념하는 게 더 중요하지 않을까?'

마음 한편에서는 이런 목소리가 울렸을 수도 있습니다.

게다가 자료를 보니, 1926년의 어린이날 준비를 벌써 한 달 전부터 시작한 것을 알 수 있습니다.

다가오는 5월 1일 '어린이날' 준비 지방 소년회에

…… 1년에도 제일 좋은 철 푸른 세상이 열리기 시작하는 5월 초하루!

이날에 온 조선 모든 사람이 어린 사람을 위하여 축복하고 생각하고 일하고 기뻐하는 것이라 어린이날은 일면 조선의 장래를 위하여 전 민중이 같이 생각하고 같이 기뻐하는 거룩한 날이라 할 것입니다.

작년에는 이날에 전 조선 400여 소년 단체가 십수만 인의 소년소녀가 일치 협력하여 이날을 기념 또 축하하고 크게 소년 해방을 외치고 70여만 매의 크고 작은 선전지를 뿌려 선전에 노력하였거니와 금년 이날에는 작년보다 거의 갑절되는 사람과 힘으로 이날 기념과 선전에 노력하게 되었습니다.

- 〈어린이세상〉 6호, 1926년 4월 3일

　작년 1925년 어린이날에는 '400여 소년 단체'가 참여하여 '70여 만 매' 선전지를 뿌렸는데 올해 1926년에는 작년보다 '거의 갑절되는 사람과 힘'으로 기념하겠다는 내용입니다. 100만 매라는 어린이날 선전지 인쇄 수량도 사실 철저한 계획하에 이루어졌음을 알 수 있습니다.

　방정환의 '1926년 어린이날 중지' 발표는 어린이날 역사에서 중요한 사건이었습니다.

　또 방정환이 쓴 '어린이날'이라는 글은 5월 초하루 어린이날의 정신을 가장 잘 말해 주고 있습니다.

우리의 어림(幼)은 크게 자라날 어림이요 새로운 큰 것을 지어낼 어림입니다. 어른보다 10년, 20년 새로운 세상을 지어낼 새 밑천을 가졌을망정 결단코 결단코 어른들의 주머니 속 물건만 될 까닭이 없습니다. 20년, 30년 낡은 어른의 발밑에 눌려만 있을 까닭이 절대로 없습니다. ······

그러나 한이 없이 뻗어 날 새 목숨 새싹이 어느 때까지든지 눌려 엎드려만 있지 않았습니다. 5년 전의 5월 초하루! 몇백 년 몇천 년 눌려 엎드려만 있던 조선의 어린이는 이날부터 고개를 들고 이날부터 외치기 시작하였습니다.

아아 거룩한 기념의 날 5월 초하루! 기울어진 조선에 새싹이 돋기 시작한 날이 이날이요 성명도 없던 조선의 어린이들이 새로운 생명을 얻은 날이 이날입니다.

— 방정환, '어린이날', 〈어린이〉, 1926년 5월호

어린이날과 어린이 운동 정신이 잘 나타나 있는 글입니다. '새 목숨 새싹'인 조선의 어린이가 새로운 생명을 얻어 우쭐우쭐 피어나기를 바라는 방정환의 간절한 마음이 담

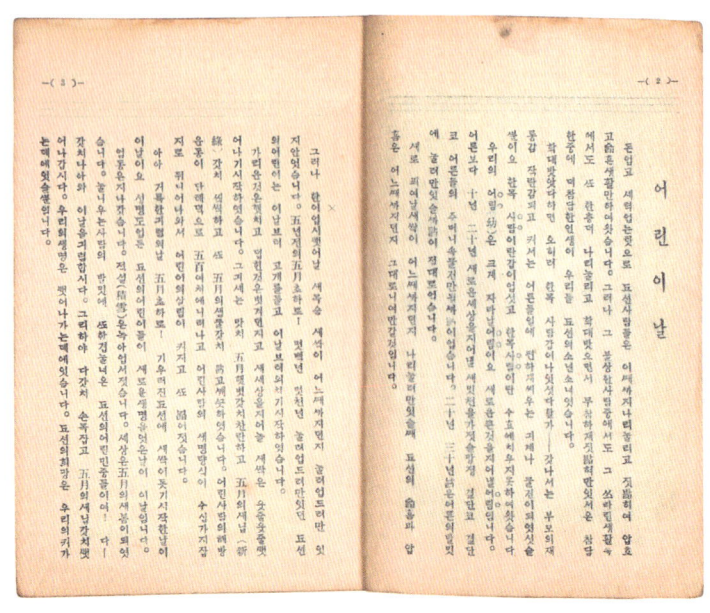

1926년 5월 〈어린이〉 잡지 어린이날 기념호에 발표한 방정환의 글 '어린이날'입니다. (사진·국립한글박물관)

졌습니다. 방정환은 전 조선의 소년 단체가 한날한시에 함께 협력하고 움직이면 '어린이날'이 완전히 명절로 자리 잡을 것이고, 그리하면 그 진정한 의미인 '어린이 해방운동'도 더 힘차게 뻗어 나갈 것이라고 본 것입니다.

그러나 방정환과는 생각이 다른 단체가 있었습니다. 소

오월회에서 발표한 1926년 5월 단오날 어린이날 계획. 《매일신보》, 1926년 5월 25일)

년운동가 정홍교 어른이 이끌던 '오월회'였습니다. 오월회는 결국 따로 음력 단오절을 잡아 '어린이날' 기념행사를 한다는 발표를 하고 맙니다. 오후 3시 기념식부터 어린이 대회, 어머니 대회, 아버지 대회를 이틀에 걸쳐 크게 열겠다고 했습니다.

그러나 6월 10일 순종 임금 장례식에 맞춰 6.10독립만세운동이 일어나서 우리나라 사람이 1,000여 명이나 체포되었습니다. 일제 경찰 당국은 이 사건을 구실로 모든 집회를 '금지'하였습니다. 오월회도 결국 하려던 어린이날 기념을 못 하게 되었습니다.

1926년 그해부터 어린이 운동 단체가 갈라지기 시작하였고, 서로 큰 상처를 입고 말았습니다.

어린이날 맞불 작전, 일제의 아동애호데이

방정환이 그토록 어린이의 '명절'로 만들고자 했던 어린이날!

그러나 1926년에 일어난 분열은 끝내 다음 해로 이어졌습니다. 1927년 두 단체(조선소년운동협회와 오월회)가 따로 어린이날 기념식을 한 것입니다.

둘로 갈라진 어린이날 행사는 사회에서 많은 비판을 받았습니다. 그래서 1927년 10월에 어린이날을 함께하기 위한 통일 단체로 '조선소년연합회'를 새로 결성했습니다. 이 연합회에서 방정환은 위원장이 되어 이듬해 어린이날을 준비하게 되었습니다.

그러나 1928년, 우리 어린이날은 또다시 방향이 급하게 바뀌었습니다. 어린이날을 준비하던 조선소년연합회 정기 총회에 350여 단체가 모였을 때 단체 이름을 '조선소년총동맹'(나중에 '동맹'을 '연맹'으로 변경)으로 바꾸고 정홍교 어른이 위원장에 오른 것입니다.

이렇게 되자 통일 단체로 기대를 모았던 조선소년연합회는 해체되고 방정환은 이제 어린이 운동 일선에서 물러나게 되었습니다. 그렇다고 어린이를 위한 일까지 멈출 수는 없었습니다.

'그래! 어린이 작품 전시회! 몇 년 전부터 〈어린이〉 잡지에 발표해 놓고 아직 약속을 못 지켰구나!'

이렇게 해서 방정환은 1925년부터 꼬박 3년을 준비해 온 '세계아동예술전람회'(20개국 어린이 작품 전시)를 열기 위해 온 힘을 쏟습니다. 마침내 1928년 10월 아시아에서 최초라는 세계아동예술전람회를 개최했습니다. 이 전시는 관람객이 4만 명이 넘어 기간을 연장까지 했습니다.

언제 기회를 보아 여기에 대한 좋은 이야기도 꼭 들려드

리겠습니다.

한편, 정홍교 위원장이 이끄는 1928년 '조선소년총연맹'은 소년운동을 위한 상설기구(늘 활동하는 조직)가 되어 각 지역에 있는 소년 단체를 이 단체의 아래에 넣어 조직합니다. 이것은 어린이날 준비를 위해 '조선소년운동협회'를 비상설기구로 둔 방정환과 다른 면모였습니다.

그렇다면 왜 방정환은 조선소년운동협회를 어린이날 준비만을 위한 비상설기구로 두었을까요? 그것은 아마도 호시탐탐 딴지를 걸려고 노리는 일본의 감시망을 피하기 위한 숨은 전략이 아니었을까요? 전국의 소년회를 중앙에 있는 한 단체 안에 그물망처럼 조직해서 묶어 놓으면 만일의 일이 생겼을 경우 전체가 단번에 잡히면서 함께 무너져 버릴 수 있다는 걱정을 했던 것이지요.

1928년부터는 어린이날을 5월 첫 공일(공휴일)로 변경하여 기념했는데 과연 방정환이 걱정했던 대로 어린이날의 '진정한 의의'가 약해지기 시작했습니다.

먼저, 어린이날 날짜가 이날 저 날로 바뀌게 되었습니다.

5월 6일(1928년), 5월 5일(1929년), 5월 4일(1930년), 5월 3일(1931년), 5월 1일(1932년)……, 이렇게 말입니다.

'5월 1일 어린이날'을 꼭 지켜 내고자 한 방정환의 속뜻은 무엇이었을까요? 그것은 우리나라 전 민족, 전 어린이들이 '한날한시'에 마음을 모으고 단결해서 같이 움직여야 한다는 메시지를 '5월 1일 어린이날'을 통해 암시한 것이 아닐까요?

곧 어린이날은 우리나라 소년들의 독립운동이었습니다. 그리고 각종 공장에서 새벽부터 밤까지 일하며 병들어 가던 소년 노동자들의 노동 해방운동이었고, 한 사람으로서 사람답게 살아야 할 권리를 찾아가는 소년 해방운동이었던 것입니다.

이 운동들은 따로따로의 세상이 아니라 모두 이어진 하나였습니다.

1927년부터 어린이날이 서로 갈라지는 사이, 조선총독부는 이 틈을 타서 일제가 만든 아동애호데이를 들여와 크게 선전하기 시작했습니다.

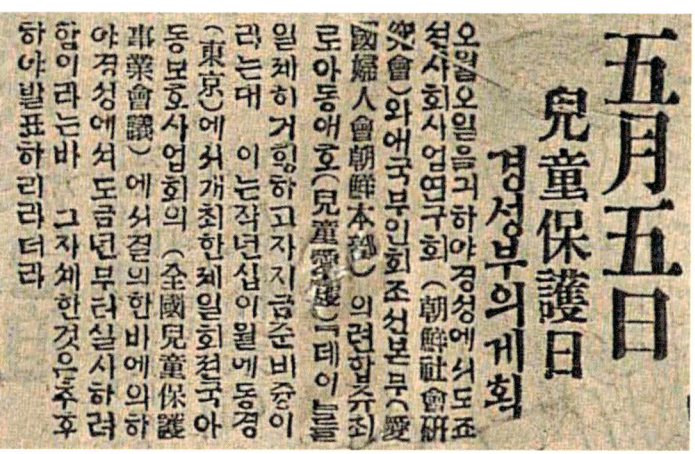

1927년부터 '5월 5일'을 아동애호데이로 정한다는 계획이 발표된 신문입니다. (《매일신보》, 1927년 4월 29일)

일제는 1927년부터 5월 5일을 정해 '아동애호데이'를 기념한다는 계획을 발표합니다.

1928년 5월 5일에는 조선총독부에서 구체적인 실행 내용까지 신문에 실어 자세하게 알렸습니다.

이렇게 일제의 5월 5일 아동애호데이가 우리나라에 전해지면서 우리 어린이날과 묘하게 뒤섞이는 모습까지 보이게 됩니다.

그런데 우리는 먼저, 5월 5일 아동애호데이가 일본에서는 언제부터 시작이 되었는지 그 시초를 살펴볼 필요가 있습니다.

최근 도쿄 준신대학교의 오오타케 키요미 교수는 일본의 근대 어린이날이 시작된 때의 자료를 조사하고 연구해서 우리를 놀라게 했습니다.

1922년 어린이날이 시작되던 무렵은 방정환이 일본에서 유학하던 시기였기 때문에, '아마도 방정환이 일본에서 어린이날과 관련된 사회 문화를 접한 것은 아닐까?' 하고 우리는 막연히 생각하고 있었습니다. 키요미 교수는 구체적인 자료를 조사하여 당시 일본 어린이날의 전후 상황을 잘 밝혀 주었습니다.

키요미 교수의 조사에 의하면, 1921년 4월 일본에서는 유아교육 45주년 행사를 하면서 '아동보호 선전'을 시작하고, 이어 1921년 11월 오사카에서도 '아동애호 선전'을 했다고 합니다. 이것이 전국적인 규모로 발전해 '1922년 5월 5일'을 전국 아동애호데이로 정했고, 결국 오늘날 일본의 어린이날이 되었다는 내용이었습니다.

이 자료를 보니, 분명히 방정환이 일본에서 유학하면서 눈앞에서 일어나고 있는 일본의 '아동애호운동'에 자극받았다는 것을 알 수 있습니다.

1920년 무렵부터 '개벽사 도쿄 특파원'으로 일본에 건너간 방정환은 '천도교청년회 도쿄지회'를 설립하고, 1921년 4월 일본 도요대학 청강생으로 입학합니다. 당시 일제는 포악했던 군국주의에서 조금 자유로운 민주 시대를 맞이하고 있었습니다. 그래서 동요와 동화, 어린이 잡지 등 어린이 문화가 한창 꽃을 피우던 분위기였습니다.

이러한 시기에 도요대학 학생이었던 방정환은 미국, 영국, 러시아, 독일 등 세계 어린이 문화와 교육까지 폭넓은 분야를 탐구하고 공부했습니다. 그 과정에서 일본에서 일어난 '아동애호데이' 어린이 문화운동도 유심히 관찰하며 연구했을 것입니다.

20세기 초 스웨덴 작가 엘렌 케이가 《어린이의 세기》를 쓴 후 일본에서도 뒤를 이어 열렬히 '아동애호'를 부르짖고 있음을 지켜보면서, 방정환은 과연 무엇을 느꼈으며 무엇을 생각했을까요? 어린이를 위하는 '애호'운동은커녕, '이놈', '저놈' 함부로 자녀를 대하며 사람 대우를 소홀히 하는 캄캄한 조선 어른의 무지와 읽을 잡지조차 없는 참혹한 조선 어린이의 현실에 가슴을 치고 통탄하지 않았을까요?

　방정환은 어린이를 위하자는 일본의 아동애호운동 가운데 몇 가지 형식을 수용했습니다. 자동차를 이용해서 선전지를 뿌린 점, 어깨에 띠를 멘 점 등 형식적인 면이 서로 비슷하게 나타납니다.

　그러나 형식보다도 더 중요한 것은 그 정신이었습니다.

　무엇보다 날짜를 일본 아동애호데이인 '5월 5일'보다 며칠 앞선 '5월 1일'로 정한 사실입니다. 그것은 천도교소년회 창립일이기도 하였고, 생명이 움 돋는 5월 그중에서도 '신성한' 초하루이기 때문입니다.

　방정환은 일본에서 '5월 5일'이 어떤 의미가 있는 날인지 너무도 잘 알고 있었습니다.

　일본은 5월 5일 단오절에 남자아이가 무사가 되기를 기원하는 전통이 있었습니다. 그래서 그 풍습을 이어받아 국

가주의를 겨냥해 가는 날이라는 것을 방정환은 간파하고 있었던 것입니다.

얼핏 어린이를 위하자는 운동이란 겉모습은 비슷했지만, 그 정신과 내용, 선전 문구, 그리고 운영 방법에서는 다른 점이 많았습니다. 방정환은 우리 현실에 맞는 어린이날 운동으로 새롭게 발전시켜 나갔습니다.

예를 들어 1921년 11월 일본 오사카에서 있었던 아동애호 선전데이에서는 강연회나 동화구연은 당연하겠거니와 부인 단체의 '꽃의 날 모임'을 개최하고 휘장을 '50만 개'나 판매한 것을 볼 수 있습니다.

> 이날 오사카에 있는 36개 부인 단체는 꽃의 날 모임을 개최하고 시내 각 교차로나 번화가에서 휘장을 50만 개나 판매했다.
> – 〈도쿄독서신문[東京讀賣新聞]〉, 1921년 11월 7일

그러나 1922년 5월 1일 방정환과 우리 어린이들이 시작

한 어린이날의 모습은 이와는 퍽 달랐습니다.

이날, 소년회 어린이들은 선전지를 한 묶음씩 안고 거리로 거리로 선전을 다녔을망정 어떤 물건 한 가지라도 팔아서 상업의 이득을 취한 것이 없었습니다.

아주 순수하고 깨끗한 어린이 나라, 어린이의 마음 그대로를 지키고 살려 내고자 애쓴 것입니다.

또한 비교할 수 없는 명백한 차이점은 운동의 주체였습니다. 일본 아동애호데이가 주로 어린이를 위한 부인과 어른 주도의 선전 계몽 활동이었던 반면, 천도교소년회가 앞장선 우리 어린이날은 어린이들이 주인이 되어 스스로 나선 사회 운동이었다는 사실입니다.

낡은 윤리와 경제적 압박에서 어린이를 해방하여 어린이들이 스스로 참된 세상을 만들자고 서로 권유하고 다짐하는 운동! 바로 이 점에서 1922년 5월 1일 어린이들로부터 시작된 우리나라 어린이날 운동은 앞으로 유네스코 세계 어린이 문화유산으로 인정되어 계속해서 더욱 빛날 것입니다.

1922년 5월 1일······.

방정환이 '5월 1일'을 어린이날로 정하고 또 반드시 이 한 날을 지키고자 했던 것은 바로 이러한 정신을 이어 가기 위해서였습니다.

그런데 조선총독부는 아동애호데이를 1927년 5월 5일부터 적극적으로 우리나라에 들여왔습니다.

귀엽고 튼튼하게!
어린이를 기르자!

이것은 일본 아동애호데이의 선전 문구였습니다.

1938년 〈매일신보〉에서 '제20차 전국 아동애호 주간'을 대대적으로 알리고 있음을 볼 수 있습니다.

우선 조선총독부 '아동애호'의 날은 어린이를 '사랑스럽고 보호해야 할' 존재로 보고 '우량아 심사회'를 열고, 창경원 무료 개방, 무료 치과 구강 치료를 해 준다고 선전했습니다. 조선의 어린이들이 일왕(일본 왕)의 혜택을 받아 고

맙다고 느끼는 대상이 되도록 한 것이지요.

한마디로 조선의 어린이들을 순종적이고 복종 잘하는 황국 신민(일본 백성)으로 길들이고자 한 것입니다.

이렇게 일제가 '아동애호데이'를 크게 선전하면서 우리 어린이날 행사를 억누르고 어린이 운동의 불씨를 꺼뜨리려고 한 목적은 무엇이었을까요?

바로 조선의 어린이들이 자기의 권리를 알아 가고 힘 있는 일꾼으로 점점 자라는 것을 원하지 않았기 때문이지요.

이 무렵 방정환이 내던 〈어린이〉에 대한 일제의 감시도 더욱 심해졌습니다. 1928년도 '어린이날 기념호'는 그만 원고 대부분이 불허가되어 내지 못하고 말았지요. 방정환의 대중 강연까지 금지되었습니다. 그들에게는 방정환의 어린이 해방운동과 어린이날 기념행사가 그저 눈엣가시처럼 보였던 것입니다.

1931년 7월 23일.

어린이 운동에 헌신하며 몸을 아끼지 않던 방정환은 점점 과로에 탄압으로 인한 분한 마음까지 겹쳐 건강이 악화

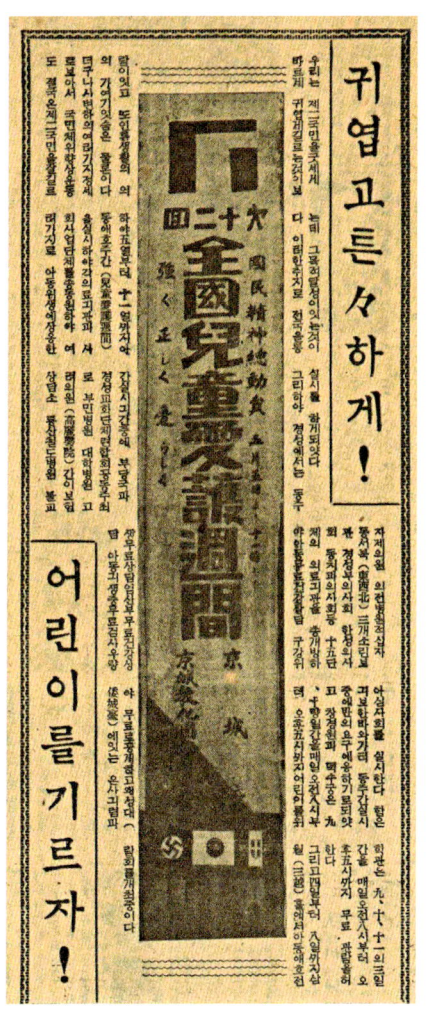

'귀엽고 튼튼하게! 어린이를 기르자'라는 표어를 내세운 일제의 아동애호데이 선전. (《매일신보》, 1938년 5월 5일)

되었습니다. 열정적으로 쓰던 원고도 거의 쓰지 못할 만큼 자주 앓아서 눕게 되었습니다.

코피를 쏟고 쓰러진 후 경성제국대학병원에 입원한 것은 7월 10일. 신장병과 고혈압이라는 병명은 나왔지만, 더 손을 쓰지 못한 채 불과 서른셋의 아까운 나이에 생을 마치고 말았습니다.

그리고……, 1937년 7월.

조선의 소년운동과 어린이날에 암흑이 들이닥쳤습니다.

일제가 중일전쟁을 일으켜 소년 단체 활동을 모두 금지하고 해산하라는 명령을 내렸습니다.

1937년 5월의 '제16회 어린이날'을 마지막으로 1938년부터 1945년 8월 15일 해방이 될 때까지 어린이날 기념식은 더 이상 할 수 없게 되었습니다. 경기도 이천 장호원의 '독수리소년단'처럼 몰래 숨어서 활동한 소년 단체가 있었지만 다들 잡혀서 감옥에 갇혔습니다. 그 가운데는 고문을 당해서 죽은 어린이도 있습니다.

해방 후 어린이날, 5월 1일로 왜 못 살렸을까?

1945년 8월 15일, 우리나라가 일제의 억압에서 해방이 되었습니다.

해방 후 처음 맞이하는 1946년 우리의 어린이날.

1922년 5월 시작하던 그해부터 조선총독부의 갖은 탄압을 받아 오던 우리 어린이날. 이제야 비로소 독립국의 어린이날을 자유롭게 준비하고 꽃피울 수 있게 되었습니다.

3월에 '어린이날전국준비위원회'가 꾸려지고, 어린이날 노래도 새로 만들고, 어린이날 각종 축하 프로그램도 착착 준비되어 갔습니다.

무엇보다 퍽 설레는 과제 중 하나는 코앞에 닥친 어린이날의 날짜를 정하는 것이었습니다.

우리 어린이날 기념식 날짜는 과연 언제로 정해졌을까요?

1922년, 방정환과 어린이들이 처음 어린이날을 만든 '5월 1일'을 되찾아 기념하게 되었을까요?

그러나 어린이날 날짜는 5월 1일이 아닌 5월 5일로 정해졌습니다.

해방 후 처음 맞이하는 어린이날을 1946년 '5월 첫 공일'로 택한 결과가 '5월 5일'이고 매년 5월 5일 하루를 고정해서 어린이날을 기념한다는 내용이었습니다.

해방 후 첫 어린이날 행사를 치른 후 〈동아일보〉 사설에는 어린이날이 왜 제정되었는지, 어린이날 운동의 참된 정신이 무엇인지 실리기도 했습니다.

우리 조선만이 세계에서 제일 훌륭한 역사와 문화를 가졌다는 독선적인 세계관과 어린이 독자의 세계를 무시하고 성인들의 완구적인 생활에로 끌어들이려는 것 같은 지도 해방 후 어린이날을 맞아 '어린이날'이라는 제목으로 사설을 발표했습니다. (《동아일보》, 1946년 5월 5일)

교육에서 우리의 어린이들을 완전히 해방시켜야 하겠다.

좁은 세계에서, 어두운 세계의 그늘에서, 우리들의 낡은 교육에 젖은 물음에서 우리들의 어린이들을 해방시켜, 그들로 하여금 넓은 자연 속에, 광대한 세계에 뛰게 하고 새로운 경이와 창의의 세계에로 나아가도록 하여야겠다.

— '어린이날', 〈동아일보〉, 1946년 5월 5일

절실한 어린이 해방 노래입니다.

'성인들의 완구적(장난감 같은) 생활, 지도 교육에서 완전히 해방.'

'낡은 교육에 젖은 물음에서 어린이들을 해방.'

오랜 일제강점기에 갖은 탄압을 받으며 1938년부터 '8년간' 우리 어린이날은 잠시 생명이 끊어지는 듯했습니다. 그러나 이렇게 어린이날 정신이 맥을 이어서 살아오고 있음은 놀라운 일입니다.

그런데 방정환이 꼭 지키고자 했던 5월 초하루, '5월 1일 어린이날'은 왜 못 살려 냈을까요? 참 궁금합니다.

아동문학가 윤석중이 남긴 글을 보니 어린이날 날짜는 윤석중, 정홍교, 김억 세 어른이 모여서 정했다고 합니다. 윤석중의 《어린이와 한평생》을 보면 당시 해방 후 어린이날이 정해진 내력을 엿볼 수 있습니다.

1946년 3월 초순, 서울 서대문정 2정목(오궁골)에 있던 음식점 춘수정에 중국 북경에서 돌아온 정홍교(해방 전 오월회파)와 서울중앙방송국 안서 김억과 나, 이렇게 셋이 모여 '어린이날 다시 시작'을 의논했다. 일제 당국의 집회 금지로 아홉 해 동안이나 그냥 넘긴 어린이날을 그해부터 부활시킨 것이다. ……

어린이날이 원래 5월 1일이었으나 '메이데이'와 겹칠뿐더러 아이들을 모을 수 없어 '5월 첫 공일'로 바꿨던 것인데, 해방 뒤 5월 첫 공일이 마침 '5월 5일'이어서, 해마다 붙박이로 이날을 어린이날로 확정, '어린이날전국준비위원회' 이름으로 노래를 제정하고 기념식을 올리기로 했다.

그런데 이들 가운데 방정환과 의견을 달리하고 따로 어린이날 기념식을 열었던 오월회의 정홍교 어른이 포함되어 있음이 눈길을 끕니다. 그는 1928년부터 어린이날을 '5월 첫째 공일'로 바꾸자고 한 장본인이기 때문이지요.

그것은 다음과 같은 글에서 분명히 확인됩니다.

2, 3년 전까지는 5월 1일로써 정하여 거행되었던 바 조선 각지에 있는 수백 만의 어린 사람의 모임인 소년회를 한데 모아 어린 사람의 최고 본영인 '조선소년총연맹'이 생기게 된 후부터 오월 첫째 공일로 정한 것이올시다.

왜 고쳤냐 하면, 5월 1일은 세계 각국에서 해마다 굉장히 거행되는 노동제-메이데이-이므로 이날에 같이 어린이날이 거행된다면 사회 일반에서 생각하기를 노동제일인지 어린이날인지 분간키 어려울 뿐만 아니라 이날을 떠나서 어린이날은 어린이만 가질 어린이날을 만들고자 하는 뜻 아래에서 일자를 변경하기까지 이른 것입니다.

— 정홍교, '우리 어린이날을 국제소년일로 정하자',
〈어린이〉, 1931년 5월

이 글은 어린 사람의 최고 기구인 '조선소년총연맹'이 생기고부터 어린이날을 '5월 첫째 공일'로 정했다고 밝히고 있습니다. 또 5월 1일은 메이데이-노동제 날짜와 겹치니 어린이만 가질 어린이날을 만들고자 하는 뜻에서 1928년부터 '5월 첫째 공일'로 날짜를 변경하게 되었다고 합니다.

'어린이날이 있으면 되었지 그 날짜가 무슨 상관이야?'
'5월 1일이든, 5월 5일이든 그게 무슨 상관이야?'

이렇게 쉽게 말할 수는 없습니다.

일제가 물러가고 탄압이 사라진 해방 나라에서 어린이날 기념일을 바로잡아서 살려 내지 못한 것은 퍽 아쉬운 일이라고 생각합니다.

과연 방정환은 세계적으로 해마다 거행하는 노동제날을 몰라서 그 날짜와 겹치는 '5월 1일'에 어린이날을 함께 기념했을까요! 당시 신문에서 '세계적으로 조선적으로 기념할 이날'(〈동아일보〉, 1924년 5월 1일)이라는 기사를 볼 수 있습니다. 그만큼 우리 어린이날이 세계적인 기념일과 어깨를 나란히 하고 있다는 것이지요.

크게 보아 5월 초하루에는 두 가지 의미가 있었습니다.

첫째는 만물이 피어나고 씩씩하게 뻗어 가는 계절로서 5월, 그런 5월을 시작하는 첫날이라는 의미. 또 하나는 집안 경제를 도맡아 공장 일터에서 힘들게 일하던 소년 노동자를 생각하고 격려하는 날이라는 의미. 특히 그 당시 어린 노동자들은 학교에 다니는 학생 수보다 몇 배나 더 많았습니다.

조선소년운동협회에서 1923년 5월 1일 어린이날 기념식

때 공표했던 '어린이 해방 선언문-소년운동 선언 세 가지 조건'을 보면 이러한 입장이 분명해집니다.

그 둘째 항에 경제적 억압으로부터 어린이를 해방하라는 내용이 있습니다.

어린이를 재래의 경제적 압박으로부터 해방하여 만 14세 이하의 그들에 대한 무상 또는 유상의 노동을 폐하게 하라.

당시 고된 노동에 시달리며 병들고 시름시름 앓던 조선 어린이의 기막히고 불쌍한 상황은 큰 사회 문제였습니다. 방정환은 어린이날 운동을 통해서 사회 여론이 일어나 이 문제가 널리 알려지고 각성되어야 해결될 수 있다고 보았습니다.

해방 후 독립이 되었음에도 방정환이 처음 정한 어린이날 날짜인 '5월 1일 기념일'을 살리지 못한 이 극적인 사건은 결국 우리 어린이날 운동의 힘을 점차 약하게 만드는 결과를 가져왔습니다.

만일 5월 1일 어린이날 운동이 점차 확산하고 발전해 나갔더라면!

1923년 어린이 해방 선언문이 널리 알려지고 계승 발전되어 나갔더라면!

10대 어린이들이 산업화 시대 공장 노동자가 되어 너무 심하게 착취당하다 끝내 전태일 청년이 몸에 불을 지르고 어린 여공들을 살리기 위해 '근로기준법을 지키라'고 외치며 스러져 갔던 현대사의 비극을 막을 수 있지 않았을까요?

그래도 해방 후 처음 맞은 어린이날, 온 나라가 실로 감격스러운 어린이 꽃밭으로 물들었습니다.

어린이날 기행렬도 되살려 천도교소년회 등 20여 단체가 함께한 것이 신문의 사진 자료에 남아 있습니다. 어린이날전국준비위원회에서는 '어린이날'을 국경일로 정하기 위해 문교부에 건의하기도 하였습니다.

재미있는 사실은, 1946년 해방 후 어린이날 기념식을 '제17회'로 한 것입니다.

1922~1937년(16회)까지의 회차를 잇고 일제가 어린이날을 금지시킨 '1938~1945년'까지의 아동애호데이 8년을 제외한 것이지요.

왜적 밑에 빼앗겼던 어린이날의 명절을 이 땅의 800만 소년소녀는 다시 찾았으니 이 기쁨은 온 조선을 뒤덮고 말았다. 서울에서는 제17회 어린이날 기념식이 5일 휘문중학교에서 감격도 깊게 거행되었다.

– '어린이의 앞길을 축복하는 기쁜 날', 〈조선일보〉, 1946년 5월 6일

그러나 시간이 흐를수록 어린이날의 의미는 점차 약해져 갔습니다.

어른들은 우리나라가 이제 독립이 되었으니 어린이들도 가정으로 돌아가라고 하여, 어린이날 기념행사의 상징이었던 기행렬도 자취를 감추고 말았습니다.

또한 조선총독부가 학교를 통해 어린이날 행사를 억누르

해방 후 1946년 5월 5일 어린이날 기행렬. 천도교소년회 외 20여 단체, 어린이날 전국준비위원회 등에서 1,000여 명이 참여하였습니다. (《자유신문》, 1946년 5월 6일)

던 그 습관이 그대로 남아 어린이날 기념식장으로 가던 어린이들을 퇴학을 시킨다고 협박하여 도로 돌아가게 한 학교도 있었다고 합니다.

1956년부터는 어린이날 회차도 일제의 금지로 어린이날 기념을 하지 못했던 '1938~1945년까지'의 '8회'를 슬쩍 끼워 넣었습니다. 1955년 '26회'로 이어오던 어린이날이 불과 1년 만인 1956년에는 껑충 뛰어 '34회' 어린이날이 되었다고 선전하기 시작한 것입니다.

그러면 우리 어린이날을 억누르고 대대적으로 선전했던

조선총독부 '아동애호데이' 8년까지 대한민국 어린이날 역사에 포함되는 게 아닙니까?

어린이날은 세월이 흐르며 그 정신에서도 많은 변화가 있었습니다. 어느 해는 어린이날 기념식을 대통령 앞에서 보여 주기 형식으로 치르기도 하고, 오늘날에는 장난감 선물 받는 날, 가족과 놀러 가는 날 정도의 의미만 갖게 되었습니다.

우리 어린이날을 100년 동안 한 해도 빠짐없이 기념해 온 것처럼 포장해서 알리는 일…… 이것은 거짓된 일입니다. 어린이날의 참된 역사를 가리는 일입니다.

어린 사람을 헛말로 속이지 말아 주세요.

이 말은 1922년 5월 1일 우리 어린이날을 처음 시작할 때 어린이들이 나누어 준 '어른에게' 선전지 중의 첫 번째 당부 사항이었습니다.

우리 어린이날의 탄생, 수난, 탄압, 8년의 중단 역사를 바르게 알아갈 때 어린이들은 우리 어린이날을 더욱 잘 지켜 가야지 하고 굳게 다짐하게 될 것입니다.

어린이날 100주년, 5월 1일 어린이날을 되찾다

1922년 5월 1일…… 그로부터 100년 뒤.

이제 한 세기를 뛰어넘어 2022년 5월 1일로 왔습니다. 1922년 5월 1일 천도교소년회 어린이들이 손에 손으로 선전지를 나누어 주며 '어린이의 날이에요' 하고 외쳤던 그날로부터 100주년이 되는 해였습니다.

많은 어린이 문화운동 단체에서 이날을 기억하고 되살려 내려는 노력을 했습니다.

방정환 선생이 어린이들과 함께 정한 어린이날이 '5월 1일'이었기에, 그 기념일에 맞춰 어린이날 100주년을 기념하자고 모두 한목소리를 냈습니다. 100주년이라고 한 까닭이 있습니다. 어떤 일을 시작한 날이 1년 후 돌아오면 1주년이라고 하듯이, 우리 어린이날을 처음 시작한 '1922년 5월 1일'로부터 100년이 되어 기념하는 날이기에 '2022년 어린이날 100주년'이 되었던 거지요.

어린이문화연대를 중심으로 여러 단체가 모여서 어린이날 100주년 기념사업회를 만들었습니다. 실제로 어린이날 행사를 실행할 어린이날 100주년 기념사업단도 뒤따랐습니다. 100여 단체 이상이 참여하고, 300여 명이 넘는 문학, 동요, 동화, 연극, 영화, 놀이를 비롯하여 어린이 문화 운동을 하는 여러 분야 지도자(협회장) 어른들이 함께했습니다.

1922년 5월 1일 어린이날 기행렬을 되살려 2022년부터 어린이날 행진을 살려 낸 뒤, 매년 이어 가고 있습니다.

해마다 이어지는 어린이날의 행진은 곧 세계 어린이 운동의 새로운 시작입니다. 어린이의 권리를 우리 사회가 널리 알아 갈수록 점점 더 어린이가 행복한 나라가 될 것이라고 믿습니다.

2022년 5월 1일, 어린이날 100주년을 기념하여 만든 행진 깃발입니다. (사진·사단법인 방정환연구소)

 지금부터라도 어린이날 기념일은 '5월 1일'로 바로잡아 나갔으면 하는 마음으로 이 책을 씁니다.
 이 일은 분명 뜻있는 일이니까요. 방정환 선생이 '어린이날의 진정한 의의'가 약해질 것을 걱정했던 것과 반대로, 이 일은 '어린이날의 진정한 의의'를 점점 더 키워 갈 것이니까요!
 오래된 신문 속에 희미하게 남아 있는 '1933년 어린이날

위 사진 어린이날 100주년을 맞이한 2022년 5월 1일, 어린이들이 열을 지어 행진하는 모습(왼쪽)과 어린이날 행진을 준비하는 공연(오른쪽) (사진·사단법인 방정환연구소) **아래 사진** 2023년 어린이 해방 선언문 공표 100주년 어린이날 행사에 참가한 시민들(사진·아시테지코리아)

1933년 〈조선중앙일보〉에 실린 어린이날 행진 포스터를 2023년 어린이 해방 선언 100주년을 기념하는 포스터로 되살렸습니다. (사진·사단법인 방정환연구소)

행진' 이미지를 살려서 2023년 세계방정환학술대회 포스터에 살려 내 알록달록 색을 입혀 재현해 보았습니다.

어린이날 100년의 소중한 자료들은 비록 사라져 가는 희미한 조각일망정 그 하나하나가 너무나 귀합니다. 이렇게 찾아낸 조각과 조각이 만나면 대한민국 미래의 어린이날이 진정한 의미를 찾아 잘 이어지지 않을까요?

정부 기관에서 일본 어린이날과 똑같은 날짜의 어린이날을 기념하면서 '대한민국 어린이날'이라고 선전하는 일.

이것은 부끄러운 일입니다.

어린이날 기념일을 바로잡는 일.

그것은 우리 어린이날 정신을 회복하는 일입니다.

어린이를 위하여

일하고,

생각하고,

놀고,

그리하여 평화롭게 지내자!

— '어린이의 날', 〈어린이〉 4호, 1923년 5월

다시 〈어린이〉 잡지를 펼쳐 읽어 봅니다.

'아! 우리 어린이날이 이렇게 참된 의미로 만들어졌구나.'

'매년 신나게 놀기만 했는데! 어린이를 위하여 일하고 생각하는 날이기도 했구나!'

어린이를 위하여 '일하고', '생각하고', '놀고', '그리하여 평화롭게' 지내자니 하루로는 부족합니다.

그래서 우리나라 아동복지법 제6조에도 다음과 같이 5월 1일부터 5월 7일까지 일주일 동안을 어린이날과 같이 지낼 수 있도록 주간으로 정해 두었습니다.

제6조 (어린이날 및 어린이주간) 어린이에 대한 사랑과 보호의 정신을 높임으로써 이들을 옳고 아름답고 슬기로우며 씩씩하게 자라나도록 하기 위하여 매년 5월 5일을 어린이날로 하며, 5월 1일부터 5월 7일까지를 어린이주간으로 한다.

이렇게 우리 법에다 일본 어린이날과 같은 날짜인 '5월 5일'을 대한민국 어린이날이라고 박아 놓다니 안 될 일입니다.

그리고 어린이날을 꼭 하루만 잡으니, 그날 하루는 어떻게든 잘 놀자고 하는 날이 되어 갑니다.

'5월 1일부터 5월 7일까지 어린이날 주간입니다.'

이제부터 어린이를 위해 '일하고, 생각하고, 놀고, 그리하여 평화롭게 지내는' 어린이날 주간의 의미를 조금씩 살려 나갔으면 합니다.

꿈은 이루어진다는 말처럼, 어린이날 내일의 꿈을 이렇게 이렇게 그려 봅니다.

앞으로 대한민국 새 어린이날은 어린이날을 처음 정한 기념일인 '5월 1일'로 바로잡고 '5월 1일부터 5월 7일'까지 '어린이날 주간'으로 삼아 갖가지 공연, 놀이, 대회, 전시, 포럼 행사를 펼치고, 어린이들이 어느 날이든 선택해서 공휴일을 쓸 수 있도록 자유롭게 개방하면 어떨까요?

| 부록 |

대한민국 어린이날 100년사 연표

작성· 사단법인 방정환연구소

1919
- 3월 1일 대한독립선언, 독립 만세 운동 시작
  당시 보통학교 어린이들도 만세 운동에 참여

1919~1920
- 안주, 광주 왜관, 진주 등에서 자생적으로 소년회 만들기 시작

1921
- 5월 1일 천도교소년회 결성
  소년회 회원들끼리 이날을 '어린이의 날'로 부르기 시작

1922
- 5월 1일 천도교소년회 창립 1주년 기념일에 첫 어린이날 선포, 선전지 '일반에게', '어른에게', '어린 동무들에게' 1만 2,000매 인쇄해 서울 시내에서 나누어 줌, 창가 행렬, 자동차 타고 선전

1923
- 4월 17일 '조선소년운동협회' 결성, 제1회 어린이날 기념행사 준비
  5월 1일 오후 3시, 조선소년운동협회 주최 '어린이 해방 선언문' 공표
  '어른에게', '어린 동무들에게' 선전지 20만 매 인쇄 배포
  5월 1일 오후 3시, 일본 도쿄에서 색동회 결성

1924
- 5월 1일 조선소년운동협회 주최 제2회 어린이날 기념
  어린이날 선전지 34만 매 인쇄 배포
  '어머니 대회', '고무풍선 띄우기' 놀이 등

1925
- 5월 1일 조선소년운동협회 주최 제3회 어린이날 기념
  어린이날 선전지 70만 매 인쇄 배포
  '어린이 대회', '어머니 대회', '아버지 대회', '고무풍선 띄우기'

1926
- 조선소년운동협회 '어린이날 중지' 발표
  순종 임금 장례식으로 양력/음력 5월 1일 못 맞춤
  어린이날 선전지 100만 매 인쇄

1927	5월 1일 어린이날 기념식 두 단체가 따로 함 (조선소년운동협회: 방정환/오월회: 정홍교) 10월 16일 어린이날 단체 조선소년연합회 결성(위원장 방정환) *참고: 일제 조선총독부 5월 5일 아동애호데이 시작
1928	어린이날을 '5월 첫 일요일'로 변경 개최 조선소년총연맹(위원장 정홍교) 결성, 어린이날 기념식 조선소년연합회 해체, 방정환 소년운동 일선에서 물러남 *참고: 일본 조선총독부 5월 5일 아동애호데이 본격적으로 선전
1929~ 1937	5월 첫 일요일 어린이날 기념 조선소년총연맹(1929~1930), 경성소년연맹(1931), 어린이날 중앙준비회(1932~)로 주관처가 바뀌면서 매년 어린이날 기념 거행 *참고: 일본 조선총독부 5월 5일 아동애호데이 계속 선전
1937	제16회 어린이날 기념식 일본 조선총독부, 조선 소년 단체 강제 해산, 어린이날 금지
1938~ 1945	어린이날 운동의 암흑기 조선의 소년 단체는 지하 활동, 어린이날 중지 *참고: 조선총독부, 제12회 전국 아동애호데이 대대적 선전
1946	해방 후 어린이날전국준비위원회, 5월 5일을 어린이날로 정함 제17회 어린이날 기념(1938~1945년까지 8회 제외) '어린이날 노래'(김태오 작사, 나운영 작곡) 발표
1947	'어린이날 노래'(윤석중 작사, 안기영 작곡) 발표

1948	제19회 어린이날 기념 5월 9일 천도교당에서 '어린이날을 창시한 소파 선생 추도회'
1949	'어린이날 노래'(윤석중 작사, 윤극영 작곡) 발표 오늘날까지 불리는 대표 어린이날 노래로 정착
1954	제25회 어린이날 기념
1955	제26회 어린이날 기념
1956	(1년 사이에 8회가 더해져) 제34회 어린이날 기념
1957	5월 5일 제35회 어린이날 '어린이 헌장' 제정
1961	아동복지법에서 '어린이날'을 5월 5일로 지정
1973	5월 5일 '어린이날' 법정기념일로 제정
1975	5월 5일 어린이날을 법정공휴일로 지정
1988	5월 5일 '대한민국 어린이 헌장' 개정
1999	5월 1일 '새천년 어린이선언' 발표, 대학로에서 광화문 방정환 생가터까지 깃발 행진(방정환 탄생 100주년 기념)
2015	5월 4일 '어린이놀이헌장'(어린이 놀 권리 선언) 제정

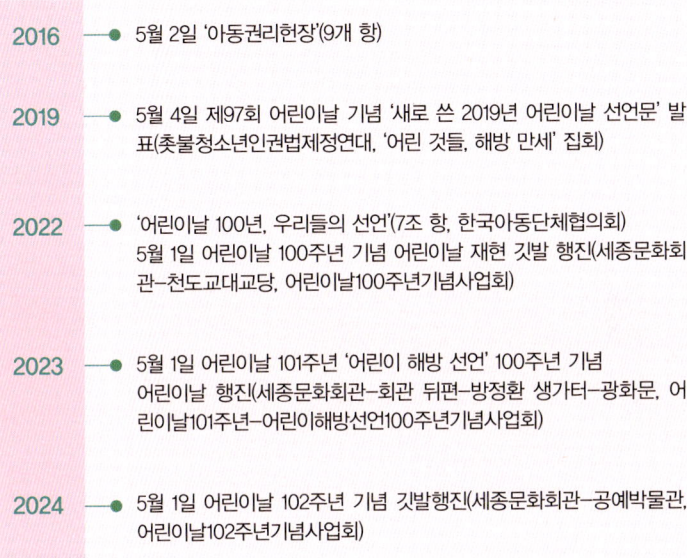

2016	5월 2일 '아동권리헌장'(9개 항)
2019	5월 4일 제97회 어린이날 기념 '새로 쓴 2019년 어린이날 선언문' 발표(촛불청소년인권법제정연대, '어린 것들, 해방 만세' 집회)
2022	'어린이날 100년, 우리들의 선언'(7조 항, 한국아동단체협의회) 5월 1일 어린이날 100주년 기념 어린이날 재현 깃발 행진(세종문화회관-천도교대교당, 어린이날100주년기념사업회)
2023	5월 1일 어린이날 101주년 '어린이 해방 선언' 100주년 기념 어린이날 행진(세종문화회관-회관 뒤편-방정환 생가터-광화문, 어린이날101주년-어린이해방선언100주년기념사업회)
2024	5월 1일 어린이날 102주년 기념 깃발행진(세종문화회관-공예박물관, 어린이날102주년기념사업회)

씩씩하고 참된 어린이가 됩니다.

그리고 늘 서로 사랑하며 도와 갑시다.

– 방정환

왜 천천히 읽기를 해야 하는가?

'천천히 읽는 책'은 그동안 역사, 과학, 문학, 교육, 지리, 예술, 인물, 여행을 비롯해 다양한 주제와 소재를 다양한 방식으로 펴냈습니다. 왜 천천히 읽자고 하는지 궁금해하는 독자들이 있어서 몇 가지를 밝혀 둡니다.

- '천천히 읽는 책'은 말 그대로 독서 운동에서 '천천히 읽기'를 살리자는 마음을 담았습니다. 천천히 읽기는 '천천히 넓고 깊게 생각하면서 길게 읽자'는 독서 운동입니다.

- 독서 초기에는 쉽고 가벼운 책을 재미있게 읽을 수 있는 방법으로 시작해야겠지요. 그러나 독서에 계속 취미를 붙이기 위해서는 그 단계를 넘어서 책을 깊이 있게 긴 숨으로 읽는 즐거움을 느낄 수 있어야 합니다. 그래야 문해력이 발달합니다.

- 문해력이 발달하는 인지 발달 단계는 대체로 10세에서 15세 사이에 시작합니다. 음식을 천천히 씹으면서 맛을 음미하듯이 조금 어려운 책을 천천히 되씹어 읽으면서 지식을 넘어 새로운 지혜를 깨달을 수 있습니다.

- 독서 방법에는 다독, 정독, 심독이 있습니다. 천천히 읽기는 정독과 심독에서 꼭 필요한 독서 방법입니다. 빨리 많이 읽기는 지식을 엉성하게 쌓아 두기에 그칩니다. 지식을 내 것으로 소화하기 위해서는 정독이 필요하고, 지식을 넘어 지혜로 만들기 위해서는 심독이 필요합니다.

- 어린이들한테는 쉽고 가볍고 알록달록한 책만 주어야 한다고 생각하는 어른들이 있습니다. 그러나 독서력이 높은 아이들은 어렵고 딱딱한 책도 독서력이 낮은 어른들보다 잘 읽습니다. 그런 기쁨을 충족하지 못할 때 반대로 문해력도 발달하지 못하면서 책과 멀어지게 됩니다.

'천천히 읽는 책'은 독서력을 어느 정도 갖춘 10세 이상 어린이부터 청소년과 어른까지 읽는 책들입니다. 어린이, 청소년과 어른들(교사와 학부모)이 함께 천천히 읽으면서 이야기를 나눌 수 있는 읽기 자료가 되기를 바라는 마음에서 만들고 있습니다.